目標達成の神業

No.1プロコーチのセッションブック

Superhuman Techniques for Achieving Your Goals

馬場啓介 著

「すべての人にコーチは必要です。
私たちには、フィードバックをしてくれる人が必要なのです。
私たちは、フィードバックを受けることで、向上するのです」
――ビル・ゲイツ

CONTENTS

第3章 異次元の質問

第4章 コア・ドライブ

登場人物紹介

ジュリー

29歳。チェコ生まれ。プラハの
五つ星ホテルのホールマネージャー。
12名の部下を持つ。
ホテル勤務歴6年。

バル・バッジオ（BB）

25歳 。イタリア生まれ。
憧れのホテルで働くためにプラハへ。
ルームキーパーとしてアルバイトで
2年、働いている

ミスターリッチ

59歳。世界中でビジネスを展開する
有名な経営者。SNSでも
大きな影響力を持つ。

フェグダ（アロハ紳士）

60歳。知る人ぞ知る
〝目標達成の神様〟として、世界中の
影響力を持つ著名人をクライアントに持つ。
60歳を機に、引退を決める。

シスターキキ

82歳。プラハで長い歴史を持つ修道院長。
毎年、積極的に孤児を受け入れている。
アロハ紳士のビジネスの恩師でもある。

キャンディ

55歳。プラハでお店を構える
一流女性料理人。得意料理は
〝グーラッシュ〟。

プロローグ

〝目標達成の神様〟登場

その日の晩、プラハのある五つ星ホテルのエントランスには、次々と高級車が停まっていた。

僕はホテルの3階にあるパーティー会場から、ライトアップされたレッドカーペットの上を圧倒的なオーラを放ちながら歩く人たちを、ひとりひとり確認しながら、大きく深呼吸をする。

ひと際目立つ、1台の真っ赤なスポーツカーが停まった瞬間——大きな歓声と共に、驚くほどのフラッシュがひとりの男に浴びせられた。

僕は本日の主役が来たことを確信し、ホールスタッフの責任者であるジュリーにそのことを伝えた。

「いい、みんな。今日の参加者は、世界経済を支えている経営者や著名人ばかりよ。絶対に失礼がないようにね」

ジュリーの緊張感も伝わり、僕らホールスタッフは改めて気を引きしめ、お互い身なりを確認し合った。

会場の扉を開けると、会場に続々と新聞やテレビで見たことがある顔が集まってきた。

僕は最高級のシャンパンが入ったグラスをひとりひとりに手渡しながら、場内誘導をする。

「まさか、あの〝目標達成の神様〟に会えるとはね……」

「本当に実在したのね……」

「あんな顔だったんだ……」

「私も半年間、電話で何度も話していたのに会うのは初めてなんですよ……」

「しかし、あの服装はないよな……。コートを脱いだらアロハシャツだったぜ」

「けど、とてもセクシーよ」


僕は興奮を抑えきれないでいる参加者の話に耳を傾けながらも、ミスをしないように丁寧にシャンパンを配り続けた。


僕の名前は、バル・バッジオ。人は、僕のことをイニシャルで「ＢＢ」と呼ぶ。イタリアの片田舎で生まれ育ち、来月で26歳になる。

今はこのホテルの寮に住みながら、ルームキーパーとして2年間アルバイトをしている。安い給料ではあったが、憧れの高級ホテルの空間にいることができ、そして何より、こんな不景気な時代に仕事があるだけ恵まれていると思っていた。

そう、この日、あの人物に出会うまでは……。

第1章 運命の出会い

アドバイスをしない先生

白いアロハシャツに破れたジーパンを着こなした、本日の主役が会場に入ってきた。

ジュリーはすばやくその男の元に駆けよる。

「しかし、こんな盛大に私の誕生会などやらんでいいのにね……」

ジュリーはその言葉に苦笑いで返答する。

「60歳の誕生日、おめでとうございます。心よりお祝い申しあげます」

すると、アロハシャツを着た男性は小さな声で呟いた。

「マニュアル通りのお言葉、ありがとう。お嬢さん」

なんとか笑顔を保ちながら席に案内しているジュリーの動揺が、遠くで眺める僕にまで伝わってきた。

会場はまたたくまに人で埋まり、気品と熱気で溢れかえっていた。しばらくすると、あの世界的ロックバンドの「U３」が突然演奏を始め、会場をひとつにした。

「みなさん、こんにちは。アップルズのスティーブンです。会場が温まってきたところで、ただいまより、本日の会をスタートしたいと思います。残念ながら、本日は弊社の新作発表ではございません」

主催者のスピーチで、会場はさらに盛りあがる。

「冗談はさておき——本日は、世界に広く貢献されている多くの素晴らしい方々に各国からお集まりいただき、心から感謝しております。今日は、私のコーチであり、恩人でもある、謎多きアロハ紳士、〝目標達成の神様〟ことフェグダ氏の60歳の誕生日を祝う会でございます。長い話が嫌いな紳士ですから、挨拶はこれぐらいにして、さっそくご紹介します。ミスターフェグダ氏です！」

ものすごい拍手を受け、アロハの紳士は主催者にハグをし、ゆっくりとステージに上がった。

「みなさん、この不景気の中、呑気にこのような場でシャンパンを飲みながら、得体の知れない老人の誕生日を笑いに来てくれてありがとう」

会場は笑いの渦に包まれた。

「この中に私と顧問契約をしていただいている方々は半数ぐらいでしょうか……。ただ、ほとんどの方が実際にお会いするのは初めてですね。私はよくみなさんをテレビや映画で見ていますが、このような場で同時にお会いできて、お礼が言えるのは老人にとってはとても助かります」

参加者と信頼関係ができているのだろう。参加者のほとんどが、彼の皮肉混じりのスピーチを笑顔で聞いていた。

「何はともあれ、こんな私を信頼し、仕事をくれて本当にありがとう。おかげさまでコーチとして30年以上、おいしいご飯を食べることができました」

会場は今日一番の大きな拍手に包まれた。

「ただ、実は今日、私がおこがましくもみなさんの前にこうして姿を現したのには理由があるんです」

この発言に、主催者をはじめ参加者全員が静まりかえった。

アロハ紳士はたんたんと話を続ける。

「私の仕事は、ご存じの通り、みなさんの目標達成をサポートすることです。これまでに経営者、政治家、アスリート、俳優などなど、さまざまな業界で活躍する方の目標達成を影で支援させていただきました。その数はざっと数えても5000人は超えるでしょう」

会場に再び拍手の音が鳴り響いた。

「私がこの仕事に命を燃やしてこれた理由……それはみなさんの志ある目標をサポートし、達成できたなら、世界がより良く、そして平和になると考えてきたからです。結果、みなさんは、多くの人々の生活を豊かにし、夢と希望を与えてきたことは間違いありません」

拍手が鳴り響く中、アロハ紳士は急にシリアスな表情になった。

「でも、どうでしょう……。残念なことに世界の状況はこのあり様です。貧困の差は広がる一方、このスピーチをしている最中にも、飢餓で苦しむ50人以上の子供たちが、この世を去っています」

会場はざわざわと異様な空気が流れはじめた。

「今日、私はみなさんにお願いがあってここに来ました。一緒に考えてください。私たちが今、何をすれば、世界はもっと平和に向かうのか？　今、私たちが、何をやめることができたら、世界はより平和に向かうのか？　私たちが今、どのように力を合わせれば、苦しんでいる子供たちをひとりでも多く笑顔に変えることができるのか？」

アロハ紳士は参加者を見つめながら、少しの間沈黙をつくり、口を開いた。

「私は今日、世界で最も影響力があるみなさんと、本気でこの問いを共有したくて、貴重な時間を頂戴いたしました。いいですか、みなさんが今、本気で世界平和に向かって動くことができるかどうかで、地球の未来は確実に決まります！　共に考えましょう。そして、共に行動しましょう」

しばらく会場はしんとしていたが、ひとりの拍手をきっかけに大きな拍手になり、そして歓声が鳴り響いた。

あまりにも大きく抽象的な話ではあったが、僕はあの男性の圧倒的な存在感とオーラに衝撃を受け、しばらくはポカンと開いた口をふさぐことができなかった。

予想外のスピーチに、ほとんどの参加者たちの目の色が変わっているようだった。

その一方で、パーティーは、思いがけない議論でとても盛りあがっていた。

僕はジュリーに背中を叩かれ、我に戻った。そして、参加者にドリンクを配りはじめた。

すると、参加者のこんな会話が聞こえてきた。

「あの人っていったい何者なの？　コーチって何？」

「彼はどんな目標も達成させてしまう〝魔法使い〟なんだよ。だから、こぞって経営者や政治家、俳優、タレントが彼に頼ってくるのさ」

「あなたも契約してたんでしょ？　いったい彼に何を教わったの？」

映画で見たことがあるグリーンのドレスを着た女性は、まさに僕が聞きたい質問をした。

「彼のコーチングっていう手法はちょっと特殊でね。なんと、いっさいアドバイスはしないんだ。だから、私の周りでは、〝アドバイスをしない先生〟とも呼ばれているんだよ」

（アドバイスをしない先生……）

「事実、私も経営について一切アドバイスをもらったことはないけど、しっかり下期も目標を達成できたよ。まさに彼が私の力を引きだしてくれたおかげさ」

グリーンのドレスの女性は、よくわからないというリアクションをし、僕に空のグラスを渡した。

どうやらあのアロハの紳士の職業はコーチといい、コーチングという手法で、アドバイスなしにクライアントの目標を達成させることができるらしい。これまで人の仕事に関心を持ったことがなかった僕だったが、妙に彼の活動が気になっている自分がいた。

僕は空のグラスをいくつかお盆に乗せ、多くの人に囲まれている渦中の男をしばらく見つめていた。

世の中には、僕なんかが知る由もない、表舞台で活躍している人たちを影で支えている、すごい人がいる――それを知ることができただけで、なぜか僕はとても興奮していた。

ただ……、あんな素晴らしいスピーチをした後だというのに、彼はガブガブとお酒を飲み、鼻の下をのばし、胸元が大きく開いたドレスを着た女性を明らかに口説いている様子だった……。周りの参加者は、その姿を必死で見て見ぬ振りをしていた。

運命の大失態

パーティーも終わりに近づき、僕たちホールスタッフは酔い覚ましのコーヒーを持って回った。

僕はあえてアロハ紳士が近くにいる場所でコーヒーを配っていた。すると、ひとりのグレーのスーツをお洒落に着こなした紳士が、彼に何か訴えているのが聞こえてきた。

「あなたと契約を更新できないのであれば、ぜひ、あなたが認めるコーチを紹介していただけないでしょうか？」

アロハ紳士は困ったように笑う。

「それが、いないというか、他のコーチをよく知らないんですよ。誰かにコーチングを教えたこともないものでね……」

「そうですか……。それは残念です。けど、あなたは後継者を育てるべきです。あなたのコーチング、そして、コーチとしての〝あり方〟に私は感動し、出会えたことに心から感謝しています。あなたのファンを代表して、ぜひ、後継者育成をお願いします。私もそのためならどんなお手伝いでもさせていただきます」

アロハ紳士は何も言わずにグレーのスーツの紳士と熱いハグを交わし、突然僕を呼んだ。

「おい、コーヒーをくれ！　酔ったままだと号泣しそうだ！」

僕は、慌ててコーヒーを持って走った。

その時だった。焦った僕は体勢を崩し、あろうことか、コーヒーをアロハ紳士の下半身に思いっきりこぼしてしまったのだ。

頭が真っ白になったまま僕は、ひざまずいたまま何度も謝罪しながら、持っていたハンカチで彼のズボンを拭き続けた。

騒然とした状況に気づいたジュリーがすぐにやってきた。僕の代わりに深々と頭を下げ、他のスタッフに新しい布巾を持ってくるように指示した。

するとその中のひとりが慌てながら言った。

「だからルームキーパーのバイトなんて、ホールスタッフに使うなって言ったんだよ!」

それを聞いて、ずっと黙っていたアロハ紳士が口を開いた。

「君は、ルームキーパーのバイトなのか?」

僕は頭が真っ白なまま、言葉を繕った。

「はい……。大変申し訳ございませんでした。つい、コーチという職業に興味を持ってしまい……話に聞き入ってしまいまして……」

動揺し、意味不明なことを言いはじめた僕を黙らせるかのようにジュリーが間に入った。

「ホールスタッフが足りなかったので、私の判断で、本日だけ彼をホールで働かせました。このような、あってはならない失礼をしてしまい大変申し訳ございませんでした」

すると、アロハ紳士はしばらく僕の目をじっと見ながら言った。

「もうよい、この、お金では買えない価値があるビンテージのジーパンはもうダメだ。バイトの君、お詫びに今晩、私の部屋に最高級の焼きそばを夜食に持ってこい！」

ジュリーは戸惑いながらも、声を震わせる。

「かしこまりました。お詫びに代わりのズボンもすぐに持っていきます」

そして、アロハ紳士は新しいコーヒーを手にし、一口飲みながらジュリーに言った。

「最高級の焼きそばだけでいい。もう仕事に戻りなさい」

ジュリーはしばらく頭を下げ続けた後、僕を連れて会場を出た。

会場の外で彼女はしばらく目を閉じたまま深呼吸をして、僕を心配そうに見つめた。

「焦ったでしょう。大丈夫？　怖かったよね」

僕はこの言葉を聞いた瞬間、ふっと我に返り、涙が溢れてきた。そして、何度も何度もジュリーに謝り続けた。

僕はジュリーの指示を受け、アロハ紳士にお詫びの最高級の焼きそばを作るようホテルの料理長に頼んだ。そして、彼が部屋に戻るまでホテルの外で待機することにした。

「どうして僕はこんなにドジでダメな人間なんだ……」

僕はパーティーが終わる予定の時間まで、冷たいダークブルーの星空を見上げながら自分を責め続けた。

まさかの弟子入り

時間になり、料理長から焼きそばを受けとった僕は、アロハ紳士の部屋に向かった。

ジュリーが心配して途中まで一緒に付いてきてくれたが、それでも僕は心臓が飛び出そうなほど緊張していた。

「ここからは、僕が責任を持ってひとりで行きます。本当に申し訳ございませんでした」

「本当に大丈夫？　やっぱり私も行くよ、責任者は私なんだし」

「いえ、あの方は、私に焼きそばを持ってこいと言いましたから、もう大丈夫です」

困惑しているジュリーに頭を下げて、アロハ紳士が宿泊しているスイートルームにひとりで向かう。

「先ほどパーティーで大変ご迷惑をお掛けした者です」

ドアをノックすると、向こうから大きな声が聞こえた。

「おお、焼きそばマンか！　待ちわびたぞ、早く入れ」

アロハ紳士がドアを開けてくれ、僕は顔を下げたままでカートを引きずり、部屋の中に入った。

僕は下を向いたまた深々と頭を下げた。すると、彼は、まったく紳士とは呼べないアロハシャツにパンツ一丁の格好で鼻歌を歌いながら叫んだ。

「早く、蓋を開けろ！」

僕は4つ用意した焼きそばの蓋をひとつずつ開けながら説明をした。

「こちらが〝フカヒレあんかけ焼きそば〟でございます」

「ほ〜」

「こちらが〝ホタテの貝柱入り四川風焼きそば〟でございます」

「うむうむ……」

「そしてこちらが〝アワビ入り海鮮塩焼きそば〟でございます」

「わぁお……」

「そしてこちらが〝神戸牛入り醤油焼きそば〟でございます」

「オーマイガー……」

パンツ一丁のアロハ紳士は、とても興奮した面持ちで箸を取りながら言った。

「よし、全部食うぞ！　このテーブルに並べろ！」

僕はすべての料理を慎重にテーブルの上に並べた。

とても緊張はしていたが、昼から何も食べていなかった僕は、とてもいい匂いがする焼きそばを目の前にし、思わず唾を飲んだ。

「何をしている、お前も早く座れ！　ひとりでこんなに食えるか！」

「しかし、私は……」

「いいから一緒に食え！　ほら、箸、小皿もふたつ用意せんかい！」

僕は何も言い返すことなくパンツ一丁のアロハ紳士に従い、焼きそばを食べることになった。

「やっぱり、まずは醤油焼きそばか……。お前はフカヒレから攻めて感想を聞かせろ」

僕は、これまでに食べたことのない大きなフカヒレが麺に上品に絡んだ焼きそばを小皿に移して、アロハ紳士が頬張る姿を見ながら一口食べた。

「高価なズボンを汚したあげく、こんなおいしいご飯までご馳走になり、大変申し訳ございません……」

アロハ紳士は豪快に焼きそばを咀嚼しながら大声を出す。

「ご馳走はしとらん！　タダ飯だ！　遠慮せずに食え！　ちなみに、あのジーパン、実はイチキュッパじゃ！」

「イチキュッパ（198コルナ＝約1000円）……」

僕はあまり深く考えずに、焼きそばをいただくことにした。

すると、アロハ紳士は大きなアワビを箸でつまみながら言った。

「お前のせいで、せっかく今夜、あの女優を口説けたのにパーだ。まさか、男ふたりでプラハで焼きそばを食うハメになるとはな……」

「すみません……」

「ところでお前は誰がタイプだった？　ん？　今日の参加者でよければ紹介してやるぞ」

「そんな……。僕にとっては高嶺の華の花の華の花ですよ……」

パンツ一丁のアロハ紳士は、鼻で笑う。

「同じ人間だろ？　情けない……それとも、なんだ、アレか？　わしはごめんだぞ！」

僕はアロハ紳士のペースに飲まれ、ふと突然、こんなことを口走ってしまった。

「あの……、コーチという仕事にとても興味を持ってしまい……。どんな勉強をされて……」

しどろもどろな言葉に、アロハ紳士は一瞬、真剣な目つきになる。

「――お前、貯金はいくらある？」

「え、貯金ですか……、お恥ずかしい話、8万コルナ（約40万円）ほどですが……」

「本当のことを言え！」

「すみません……5万コルナ（約25万円）程度です」

アロハ紳士は、烏龍茶をぐいっと飲んだ。

「もし、本気でわしの仕事に興味があり、コーチになりたいのであれば、4万コルナ（約20万円）、明日の朝、ここに持ってこい！　そしたら、お前を半年で立派なコーチにしてやろう。なれるか、なれないかは、焼きそばマンのやる気次第だがな」

急な想定外すぎる返答に僕は頭が真っ白になり、アロハ紳士がついでくれた烏龍茶を一気飲みした。

〝天下のビジネスコーチ〟の着眼点

「よし、お前とのふたりの話は終わりだ。部屋の外で待っている、あのねぇちゃんを部屋に連れてこい」

「えっ、あのねぇちゃんとは？」

「ばかもん！　お前の上司のかわいいねぇちゃんだよ。どうせドアの外でお前を待っとるだろう！」

僕は急いでドアを開け、廊下を見た。すると、アロハ紳士の言う通り、ジュリーが壁に寄りかかりながら心配そうに僕を待っていた。

「BB！　どうだったの？」

「あの……、ジュリーを部屋に呼べと……」

ジュリーは深呼吸して身なりを整えながら中へ入ってきた。

「やはりいたか。何も言わずに座れ！　おい、焼きそばマン！　彼女に焼きそばを取りわけんか！」

僕はその言葉通りに慌てて焼きそばを小皿に取り、困惑するジュリーに手渡し、烏龍茶もついだ。

「フェグダ様、本日は本当に申し訳ございませんでした……」

アロハ紳士は、焼きそばを自分の皿に取りながら笑った。

「焼きそばを持って、そんな深刻な顔をされても困る。もう気にすることはない。悪いのはすべてこいつだしな。さっ、申し訳ないと思うなら食べなさい」

ジュリーは肩を狭めながら、焼きそばを小さな口で食べはじめた。その姿を横目で見ながら、僕は4万コルナ（約20万円）のことを考えていた。

僕にとっては生死の境目と言える金額だ。しかし、考え方によっては、たったの4万コルナでアロハ紳士から〝コーチング〟という技術を学ぶことができる夢のような話でもあった。

ただ、僕なんかが半年でコーチになれるのか、想像すらできなかった。

「ところで、ねぇちゃん！　なぜ、焼きそば小僧にホールスタッフをやらせたんだ？」

「すみません……。彼のルームキーピングは、早くて丁寧で、当ホテルでもとても評価が高いアルバイトなんです。常連客の中には、わざわざ彼を指名する方もいらっしゃるほどで……」

するとアロハ紳士はパンツ一丁のまま、真顔でジュリーに言った。

「こいつは明日から、わしに弟子入りするらしい。突然、生意気に〝俺もコーチになるぜ〟と、わしの焼きそばを遠慮もなく、むしゃむしゃ食い散らかしながら言いよった」

ジュリーは目をまんまるにして僕の顔を見た。

「ただ、わしはこいつが本気なら、受け入れてやろうと思っておる。なぜだと思う？　このわしがだぞ？　クライアントが30分話すのに60万コルナ（約３００万円）以上支払う、この〝天下のビジネスコーチ〟がだ！」

ジュリーはアロハ紳士のパンツに目を合わせないように、おどおどと考えていた。しかし、何も答えが出ないようだった。

「ねぇちゃんは、今日のホールスタッフでこいつだけが、ドリンクを配る時、すべての参加者を名前で呼び、挨拶をしていたことに気づいていたかい？」

とても驚いた顔でジュリーは僕の顔を再び凝視した。

「ベテランのホールスタッフなら、なんとか１００人規模のパーティーであれば参加者の顔と名前を覚えてから仕事に臨む者もいるだろう。だが、この焼きそば小僧は、ホールスタッフでもなく、急に頼まれたアルバイトだったにもかかわらず、３００名以上の名前を覚えていたんだ」

僕とジュリーは驚いた顔を見合わせた。言うまでもなく、びっくりしたのはアロハ紳士が僕の仕事ぶりを見てくれていたことだった。

ジュリーは僕を見つめながら言った。

「それは本当にすごいわ。たしかに、前日、参加者のリストを見せてほしいと言ってきたのはＢＢだけでした」

アロハ紳士は新しい焼きそばを取りながら言った。

「わしはどんな仕事であれ、最高の準備ができる者をプロのビジネスパーソンだと思っている。それはできるようで、なかなかできることではないからな。だから、わしはこいつを高く評価しているんだよ」

僕は右手で髪を掻き荒らしながら、アロハ紳士に頭を下げた。

「ただ、仕事に集中することができず、わしの家宝であるジーパンを……」

僕とジュリーは、即座に頭を下げた。

「だから今夜は帰さないぞ、絶対に帰さないぞ！」

パンツ一丁のアロハ紳士はものすごく真剣な面持ちでジュリーを凝視していた。彼女は目をそらし、下を見たまま ものすごい勢いで焼きそばを食べはじめる。

僕はアロハ紳士が部屋の片隅に投げ捨てていた、イチキュッパのジーパンを見ながら黙って焼きそばをたいらげた。

4万コルナの覚悟

朝がやってきた。時計の針は午前の6時を指していた。

今日は午後出社の日だったが、アロハ紳士に会いに行くために、僕はタンス貯金をしていた4万6000コルナ（約23万円）から4万コルナ（約20万円）を抜きだし、封筒の中に入れた。

故郷を離れ、やっと職にたどりつけたこのプラハのホテルで、2年間休みなく働いて貯めたこの4万コルナ。このお金は、両親もいない今、僕の唯一の心の支えだった。

自転車に乗り、ホテルまでの道の途中にある公園に立ち寄った。ベンチに腰を掛け、いつものようにフランスパンとカフェオレを口にする。僕の唯一の至福の習慣だ。少しだけ違かったのは、今の自分自身と向き合っていたことだ。自分がこれからしようとする行動には、やはり不安はあったが、不思議とまったく迷いはなかった。なぜか、僕はあのアロハ紳士を信じ、新しい人生の第一歩を踏みだす決意ができていたのだ。

そんな今日の空は、いつもより広く、美しく見えた。

僕は8時に合わせてアロハ紳士の部屋に向かった。部屋の前に着き、ドアをノックする。しかし、何も返答がなかった。まだ寝ているのだろうと10分待ち、またノックをしたが何も反応がなかった。

すると、その階でルームキーピングをしていた同じアルバイトの仲間が僕を見て言った。

「その部屋に泊まったお客様は、もうチェックアウトされたよ」

「そんなバカな‼　何時頃？」

「たしか7時前だったと思うけど……。昨日は大変だったらしいね。もうホテル中で話題になってるよ」

僕は走ってロビーに向かった、

「グッモーニング！　BB！　昨日はとんだ災難だったね」

「それより、あの紳士の居場所わかる？」

「あの人なら7時頃チェックアウトしたけど……、どうかした？」

「ありがとう！　大丈夫！」


アロハ紳士は僕との約束を忘れてしまったのか？

それとも、ただ、からかっていただけだったのか？

僕はとにかく、ホテルの外に出てアロハ紳士を探すことにした。

辺りをキョロキョロしていたら、ポーターの同僚が僕に近づいてきた。

「安心しな、まだ近くにいるよ。赤のランボルギーニもそこに停まったままだ」

少しホッとし、冷静になってアロハ紳士が行きそうな場所を考えた。

「ここの正面ロビーには来ていないから、中庭のカフェバーにいるんじゃない？」

僕はポーターの肩を叩き、急いで中庭のカフェバーに向かった。

すると、あのパンツ一丁だったアロハ紳士がタイトな白いスーツを着こなし、オープンテラスの席で足を組み、誰かと携帯で話をしていた。

アロハ紳士にゆっくり近づいていくと、彼は携帯を持っていない手で（ここに座れと）ばかりのジェスチャーをした。

僕は急いでアロハ紳士が指差す椅子に座り、電話が終わるのを待った。

「で、ピット、その作品で君は、誰にどんなメッセージを伝えたいのかね？」

（ピット……）

「なるほど。それが曖昧なら、その役を引きうけるべき役者はハリウッドで他にいるかもしれないね」

（ハリウッド……）

「ギャラ？　君はまた、ギャラにコントロールされる俳優に戻ったのかい？　17年前、私と握った目標を思いだしてみたまえ」

（……）

「そうだね。もう少し時間をかけて、自分の〝コア・ドライブ〟を思いだし、世の中にどんな貢献ができる俳優を目指したいのか、初心に戻って冷静に考えてみることだ」

（コア・ドライブ……）


アロハ紳士は僕の瞳を厳しい目線で見つめながら電話を切り、低い声で言った。

「例のブツは持ってきたんだろうな？」

昨日のスピーチと、パンツ一丁で焼きそばを食べる姿を知らなかったら、今日の格好といい、このセリフといい、完全にマフィアにしか見えなかっただろう。

「はい、ここに！」

僕は封筒に入れた4万コルナをアロハ紳士に両手で渡した。

「驚きましたよ。8時に部屋に行ったらもうチェックアウトしたっていうので……」

するとアロハ紳士は厳しい顔で言った。

「誰が8時と言った？ もしクライアントから電話がなかったら、君はこのチャンスを逃していたぞ」

ドキッとした。たしかに、僕は自分の常識で動いていたことに気づいた。

「詰めの甘さはビジネスでは命とりとなる！ 自分の常識という偏見で物事を考えて判断していたらコーチングなどできんぞ」

僕はうなずきながら、買ってきた新しいノートにアロハ紳士の言葉をメモした。

「では、今日から半年で、お前さんを〝立派なプロのコーチ〟にしてやろう。覚悟はいいか？」

僕はアロハ紳士の迫力に圧倒されながらも、大きな声を出し、うなずいた。

「よろしくお願いします！」

「よし！　では肩を揉め！」

「えっ！」

さっそく先行きが不安になりながらもアロハ紳士の言葉に従う。

「もっと気持ちを込めて揉まんか！」

僕はどんな気持ちを込めればいいのかわからないまま、とりあえず力を強めた。

「ここから見える景色はわしもＢＢも同じだ」

アロハ紳士は気持ち良さそうに目を閉じながら、初めて僕の名前を呼んでくれた。

「ちなみに、今、何が見えている？」

「ポニーテールのウエイトレスと……」

「だろうな！　わしは何を見ていると思う？」

僕は少し考えてから適当に答えた。

「バーに並んでいるお酒でしょうか……」

「ポニーテールのウエイトレスのケツだ」

（……）

僕は何も言わず、肩を揉み続けた。

「同じ景色でも、人の目に映る景色は全然違う。目を閉じてみろ！」

僕は黙ったまま目を閉じた。

「前方にカップルの客がいただろう？　その男のシャツの色を答えられるか？」

カップルが座っていたのはわかったが、男性のシャツの色は思いだせなかった。

「では、目を開けて確認してみろ」

「ブルーか……」

「BBは一度、確実にあのムッツリスケベのシャツが見えていたはずだ。しかし思いだせなかった！　それはなぜだと思う？」

僕はまったくわからず何も言えなかった。

「アンテナが立っていなかったからだよ。コーチング用語で言えば〝レセプター〟だ」

「レセプター？」

「人の脳は、受けとる準備ができている情報しか思いだせないようになっている。脳には、不要な情報は記憶しないようなフィルター機能があるんだ」

僕は無言のまま肩揉みをやめ、ノートにメモをとることにした。

アロハ紳士は〝誰がやめていいと言った！〟と言わんばかりの顔で僕を睨んでいた。

「ということは、興味があることしか見えていないってことですか？」

「まっ、超単純に言ってしまえばそういうことだ」

アロハ紳士はコーヒーを飲みながら話を続けた。

「わしが無類の酒好きだったら、間違いなくあそこに並ぶ酒を見て記憶していただろう。BBがシャツに興味を持っていたら、あの男のシャツの色を覚えていたはずってことだ」

「なるほど……。今、何に、どれだけ興味を持てているかで情報量も決まるってことですね……」

「その通り。お前さんが、今、見ている景色と、コーチになった時に見えている景色では、同じ場所にいてもまったく違うものになる。お前も見たいだろ？　天下のビジネスコーチが見る景色を！」

僕は無言で、中庭の景色をじっくり見直しながら、女性のおしりにアンテナが立っていた〝天下のビジネスコーチ〟の肩を揉み続けた。

コーチの適性

「そろそろだな……」

アロハ紳士は誰かを待っているようだった。すると、中庭の入口から私服姿のジュリーがやってきた。

「おはようございます！　お待たせしました。今日からよろしくお願いします」

突然のジュリーの出現に僕は驚きを隠せなかった。

「これ、はい！　ご確認よろしくお願いします」

アロハ紳士は、悪そうな顔で、ジュリーから手渡された分厚い封筒の中身を確認し、胸ポケットにしまった。

「うむ。確かに。引き受けよう！」

僕は何がなんだかよくわからないまま、ふたりのやりとりを眺めていた。

「BB、私も一緒に勉強することにしたの！」

ジュリーはいつになく、清々しい笑顔で僕が腰かけていた席に座った。

「ジュリーも一緒だなんて、こんな頼もしいことはないよ。でもいったい、昨日の晩、僕が帰った後に何があったの？」

すると、少し頬を赤めたジュリーが、アロハ紳士を上目遣いでチラリと見た。僕もつられて見てみると、彼は凄いドヤ顔でジュリーにウインクをしていた。

僕はそれ以上の詮索はやめ、ジュリーの隣に座る。

「よし！　今日からふたりは、わしの弟子となった。泣く子も黙る天下のビジネスコーチのわしが受け入れた初の弟子だ！」

「よろしくお願いします！」

僕らは改めて大きな声で言った。

「わしは適当に君たちふたりを受け入れたわけではない。コーチの適性を備えた逸材が、たまたま同時にふたり、現れたからだ。これもコーチとしての引退を決め、初めて昨夜のようなパーティーに参加したわしに、神様が与えたギフト、というより宿命だったのだろう……」

アロハ紳士はしみじみと語りながら、ウエイターに向かって手を上げ、僕とジュリーに飲み物のメニューを手渡した。

「先生、引退されるんですか？」

「もう新規の顧問契約や更新はしないと決めた。そんなことより、君たちふたりが持っていた〝コーチの適性〟とは何だったと思う？」

ジュリーが答える。

「昨日、ＢＢにおっしゃっていた、〝最高の準備をすることができること〟でしょうか？

そうなら、まだ私はプロフェッショナルとは言えません……」

「プロフェッショナルのビジネスパーソンとして常に最高の準備をすることは必要不可欠なことだ。ただ、それは〝コーチの適性〟ではない」

僕たちは運ばれてきたコーヒーを一口飲み、お互いの顔を見ながらしばらく考えた。

「では、ＢＢの適性から教えよう！」

コーヒーカップを置き、僕は姿勢を正した。

「〝バカであること〟だ！」

一瞬椅子からすべり落ちそうになったのは言うまでもない。

「〝バカであること〟は、〝コーチの適性〟の中で、もっとも重要とも言える」

「たしかに、僕は立派な学歴もなければ、特別な専門知識もありませんが……」

アロハ紳士は言葉を重ねる。

「バカとは、学歴やら、知識のあるなしではない！　バカとは、〝根拠のない自信〟があるということだ」

（根拠のない自信……）

「根拠のない自信とは、とても奥が深い。まっ、一言で言えば、〝しっかり自分を信頼できている〟ってことだ」

僕は素直に喜べないままとりあえずメモをとった。

「どんなスーパーエリートも、わしに『コーチングを教えてくれ！』だなんて言ってきたやつはおらん。BBは、謙虚な青年だが、恐ろしいほど、身の程知らずの大バカだったことは事実だ」

僕は「教えてくれ！」とまで言っていなかったはずだ。もやもやした何とも言えない気持ちのまま、ふとジュリーのノートに目をやる。すると〝BBはバカ〟と書かれた大きくてきれいな字が見えた。

「バカとは、〝自己肯定感〟の高さでもある。ちなみに、**〝自信とは、『自』分を『信』頼できている〟ってこと**なんだよ」

僕は、自分にあったらしいコーチの適性を〝自分を信頼できていること（自信）〟と、バカという言葉を使わずにメモをした。

「自信がありそうでないやつの特徴はな……。

・とにかく自慢話が多い
・人脈自慢に、よく人を紹介したがる
・口が軽い
・過去の実績を誇って生きている
・偉そうで傲慢、または、下手に謙虚
・ブランドもんばかりで着飾る
・決めつけたアドバイスが多い

ざっと、こんなところだろう。こんなやつはコーチには向かん」

僕は意外なコーチの適性を必死でメモった。

「コーチという仕事はな、クライアントの可能性をクライアント以上に信じ続けることが

できるかが何より大切だ。ただ、これは、とても難しい。なぜなら、まずコーチ自身が、自分の無限の可能性を信じることができていないと、できないことだからな」

僕は一字一句逃さず、アロハ紳士が早口で話すことを必死でメモをした。

「コーチという仕事に、特別な能力は必要ない。誰でもなれるといえばなれる。バカであり、自分をとことん信頼できてさえいればな」

ジュリーはふかぶかと何度もうなずきながら僕よりきれいに早くメモをしていた。

「では、次はジュリーにあるとみた〝コーチの適性〟について話そう」

ジュリーは少し照れながらアロハ紳士を見つめた。

「それは〝優しさ〟だ」

僕らはまた意外な回答に目を丸くした。

「ふたりに質問だ！　君たちふたりの〝優しい人〟の定義は何だ？　君たちの心の中の定義をまず、ノートに書いてみろ」

僕はジュリーの顔を見ながら考え、ノートに書きはじめた。

2分ほど経ってから、僕らはノートをアロハ紳士の方に向けて置き、僕から声を出して読んだ。

「自分を認めてくれて、見守ってくれる人」

「相手を信じて、思いやりを持って、時に厳しく、見守ってくれる人」

アロハ紳士はふたりの回答を見ながら言った。

「ざっと見ただけでも、BBとジュリーの回答には、優しさの定義の深さに差があるのがわかるだろう?」

黙ったまま僕はうなずいた。

「コーチは〝優しさ〟を、ある程度まで深く定義し、体現できていなければ、結果を出すことはできないんだ」

僕もジュリーも意味がわからず首を傾げた。

「その理由はまた今度詳しく話すが、安易な優しさでクライアントに関わり、下手に共感したり、褒めてばかりいると、クライアントの能力も可能性も引きだすことはできない」

するとジュリーは尋ねた。

「**コーチは、クライアントに好かれようとする〝優しさ〟では通用しない**ってことですね？」

「その通り。〝優しさ〟の心の中の定義の深さは、簡単には変えられない。過去に、自分が感じた経験が大きく影響を与えるものだからな。〝優しさ〟とは本当に深い言葉だ。だから、コーチの適性として、とても重要なのだよ」

たしかに僕は、自分にとっていい人を〝優しい人〟、相手に好かれようと気を遣うことを〝優しさ〟だと曖昧に定義していたような気がする。

〝コーチの適性〟を聞いても、僕は自分が自信を持てたという感覚はまったくなかった。

きっとジュリーも同じ気持ちなのだろう。そんな表情をしていた。

けど、あのアロハ紳士が嘘でもバカでも、自分に適性があると言ってくれたことに、不思議と安心感を抱いていた。

コーチングの唯一のルール

「わしが確信している〝コーチの適性〟はこのふたつだけだ。他に、特別な才能や能力はいらん。他のことは後からどうにでもなるからな。ちなみに、わしは学歴もなければ、特別な資格も持っておらん」

ジュリーは驚いた顔で質問をした。

「ではいったい、どうやってコーチングを学んだのですか？」

「わしは学んだことはない。多少、脳科学や、心理学や、行動科学や、量子力学などは本で勉強はしたが、コーチングのやり方は自分で試行錯誤しながら実践で考えてやってきたんだ」

アロハ紳士はコーヒーを一口飲み、話を続けた。

「コーチングとは、クライアントの目標達成を、アドバイスすることなく、より早く、より確実に、双方向の会話をすることでサポートするコミュニケーションの技術だ」

僕らは急いでメモをしながら話に集中した。

「ルールはひとつだけ！　〝アドバイスをしない〟。だから、言い方によっては、アドバイスさえしなければ何をしてもいいわけだ」

ジュリーはその言葉に不思議そうな顔でペンを走らせながらも、こんな質問をした。

「昨日の参加者のみなさんは、先生のおかげで目標を達成ができたと発言されている方がたくさんいらっしゃいましたが……。アドバイスをしないで感謝されるものなのでしょうか？」

アロハ紳士は微笑んだ。

「ジュリーはアドバイスをもらえないと、人に感謝できないのかね？」

ジュリーは遠くを見ながら、しばらく考えていた。アロハ紳士も黙ったまま彼女が口を開くのを待っているようだった。

「人からお金もいただいて、アドバイスもせずに、感謝されるようなコミュニケーションって、どんな会話なのかしら、ＢＢはどう思う？」

まさかのジュリーからのノールックパスに、僕は一瞬おどおどしたがこう答えた。

「昨日、ネットでコーチングについて調べたんだけど……、質問をすることで相手に考えさせる……」

「――とは言うけど、質問されて自分で考えて、それをやって結果が出るものなのかしら。私やBBから質問されるだけの会話に、人がお金を払うものなのかな……」

僕は自分の浅はかな答えを悔やみながら引き続き考えることにした。

するとアロハ紳士がなんだかうれしそうに言った。

「いいか。わしはこれからふたりを立派なプロのコーチに育ててみせる。わしの弟子である以上、そこらへんのコーチではなく、**〝行列ができる一流のプロコーチ〟**を目指してもらう。私が関わる期間は半年、その間にたくさん宿題も出す。ついてこれなかったら、そこでおしまいだ。いいな！」

「はい！」

僕とジュリーは、迷いなく返事をした。

「今、ふたりが考えている問いは、これから半年間、ずっと考えてほしい宿題だ。いや半年後もだ。わしも30年以上の間、常にこの問いを考え続けてきた。完全に引退するまでずっと考え続けるだろう。それがコーチという生き方を選択するということだ」

（〝コーチという生き方を選択する〟）

僕は無意識にこのセリフをノートに大きく書き記していた。

「コーチングには100以上のスキルがある。ただ、わしはそんなコーチングスキルを教えるような面倒なことはしない。ネットや本で調べれば、腐るほど知識は詰めることができるしな。だからそんなもんは自分で勉強しろ」

「えっ？　20万も払ったんだから教えてよ！」と言ってしまいそうな自分もいたが、不思議なことに、まったく先が読めない半年間のトレーニングに、僕の胸の高鳴りがどんどん大きくなっているのがわかった。

ジュリーの青い瞳も、太陽に輝く海のように、いつも以上に美しく輝いて見えた。

「では、もうすぐランチの時間だ。今日の最後に、これからのトレーニングプランを発表しよう！」

僕はコーヒーを飲みほし、アロハ紳士の顔を凝視した。

「トレーニングはいたってシンプルだ。今日から君たちふたりには、わしのコーチになってもらう」

「えっ！」

思わず、ふたりとも同時に大きな声を出した。

彼は僕らの動揺をよそに、たんたんと話を続ける。

「テーマは、〝最高の引退〟だ」

僕はメモをとりながら、こんな質問をした。

「テーマということは、それはセッションの目標ではないってことですよね？」

「珍しく鋭い質問をしたなBB。その通りだ。コーチとクライアントが握る目標というものは簡単には設定できない。目標に変えることからしっかりセッションをしていただこう」

するとジュリーも続けて確認をした。

「先生、次のトレーニングはいつですか？」

ジャケットを羽織りながら彼はにやりと笑う。

「次回、会うのは一ヶ月後のこのホテルのわしの部屋としよう！　朝9時に集合だ。BB、来月の今日を次のトレーニングの日にするから、この部屋を予約しといてくれ！　ではな、マイコーチたち！」

僕はメモをとりながら、アロハ紳士の背中に向かって「かしこまりました」と答えた。

「――あっ、そうだ！　**コーチになるために一番大切なことを言い忘れていた。それはな、〝なりきる〟だ。**ではな！」

そう言い残し、彼はホテルの中庭を去っていった。

「なりきる……」

僕とジュリーは席を立ち、アロハ紳士の不思議にとても大きく見える白い背中を見送った。そして、その場でノートを整理し、お互い本屋でコーチングの本を買って、さっそく明日の仕事後に、集合する約束をした。

こうして僕たちのプロコーチになるためのトレーニングは幕を開けたのだった。

BB's summary note

● コーチの適正とは

「バカである」ことと「優しさが深い」こと。

「バカである」こととは、ある程度、根拠のない自信を持ち、

自分を信頼できていること。

自分の自己肯定感が高くないと、

クライアントの可能性を信じぬくことはできない。

「優しさが深い」こととは、ある程度、

"優しさ"の定義が深く体現できていること。

クライアントに好かれようとする"優しさ"では

コーチングはできない。

● コーチになるために大切なこととは、

「アドバイスをしないで、クライアントに

価値を感じてもらえるコミュニケーションとは？」

という問いを日々考え続けることと、

常にコーチに"なりきる"こと。

コーチとは、単に職業ではなく、生き方である。

なりきることで人は初めて

自分に足りないものが見えてくる。

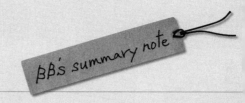

第2章 コーチデビュー

真っ白になった初セッション

一ヶ月後、僕とジュリーはロビーで待ち合わせをし、アロハ紳士が宿泊するホテルの部屋に向かった。

「BB！　なんか緊張するわね！　今日が私たちの記念すべきコーチデビューの日よ」

「うん」

僕はネクタイを締めなおしながら、大きく深呼吸をした。

「実は、昨夜は緊張して全然眠れなくて……。けどジュリーがまとめてくれた目標設定の質問集は全部暗記してきたよ」

新調したばかりのスーツを着た僕の肩を叩いて、ジュリーが言った。

「大丈夫！　やれることは全部やったわ！　自信を持って、世界一のコーチをコーチングしてこよう」


部屋の前に着いた僕らは一度大きく深呼吸し、部屋をノックした。

するとすぐに、ジーパンとアロハシャツを着たあの紳士がドアから顔を出した。

「ＢＢ！　お前、寝不足だな！　冴えない顔がスーツに負けておるぞ！　ジュリーは髪を切ったね。その服装も優秀な女性コーチの匂いがプンプンする」

「やだ、ちょっとカットしただけなのによくわかりましたね！」

僕は部屋の鏡で自分の冴えない顔を見ながら、ほぼ毎日見ていたジュリーの変化に気づけなかった自分を悔やんだ。

「では紅茶をいれるから、そこに座ってコーチングの準備でもしておいてくれ」

僕はノートとペンを、ジュリーはノートパソコンを立ちあげ、スイートルームのオープンキッチンでお湯を沸かしているアロハ紳士を静かに待った。

「こらこら、ふたりともコーチングの準備にパソコンもノートも必要はない！　しまえ」

「えっ？　でもメモをしながら会話はしないと……」

紅茶を運びながらアロハ紳士はすぐさま答えた。

「それはセッション後にやるべきことだ。わしのような超一流のコーチを目指したいなら、セッション中は全神経をクライアントに集中せねばならん。セッション中にパチパチとパソコンを見ながら話をされても、逆の立場なら安心して話せんだろ？　ノートも同じだ。何をメモされているのか気になるしな」

僕らは一ヶ月で徹底的に学んできた、一般的なコーチのセッションのやり方やルールをたくさんリサーチしてこのスタイルで臨んでいたが、その常識はアロハ紳士の一言で非常識となった。

落ちこむその一方で、僕たちは一般的なコーチを目指しているわけでも、たくさんあるコーチングスクールで資格を取っているわけでもないことを改めて再認識する。

「では、コーチ諸君！　さっそくわしは君たちのクライアントになる。これから半年間よろしく頼むよ。ぜひとも、わしの〝最高の引退〟をサポートしてくれ」

ジュリーは背筋を思いっきり伸ばして、さっそく話を始めた。


「では、フェグダさん、よろしくお願いします。これからふたりであなたの目標達成をサポートさせていただきます。さっそくですが、今日は〝最高の引退〟を実現するというテーマを、目標に変えるセッションをさせていただきます」

「よろしく頼む」

アロハ紳士は、気の張ったジュリーとは正反対に、とてもリラックスした雰囲気で紅茶を香りから味わっていた。

「さっそく僕から質問をさせてください。フェグダさんはどんな気持ちで引退できたら最高に幸せだと思いますか？」

アロハ紳士は、少し右上を見てから言った。

「わからん。想像すらできん」

想定外すぎる回答だった。僕とジュリーは目を丸くする。目標を設定する時には、まず、どんな感情を味わいたいのかを聞くのがベストの質問だと多くの本やネットにも書いてあったからだ。

僕はさっそく助け舟をお願いするような目でジュリーを見た。

「ならばフェグダさん、〝最高の引退〟とおっしゃいましたが、あなたの〝最高〟の定義とは何でしょうか？」

アロハ紳士は再び少し右上をしばらく見てから言った。

「最高は、最高だ。定義と言われてもわからん」

この瞬間、僕らの血と汗がにじんだ一ヶ月の準備は無と化した。僕らが考えていたセッションの流れは、この質問のどちらかからスタートする想定だったからだ。僕の頭はもう真っ白だったが、ジュリーは焦った表情を浮かべながらもなんとか話を続けた。

「では、もう少し時間をとるのでゆっくり考えて、どんなことでも自由に答えてください」

彼は即答する。

「考えられないことは、何日考えても考えつかんよ」

ジュリーもこの一言で諦めたのか、唇を噛みながら困った少女のような視線で僕に助けを求めた。

アロハ紳士は黙ったまま、幸せそうな顔でマドレーヌをもぐもぐ食べている。

「もうおしまいか？」

彼と目線があった僕は、ジュリーに許可なく言い訳をする。

「すみません。このふたつの質問の答えから深掘りし、具体的に半年で何を実現するかを一緒に考えていく戦略だったので……」

すると、アロハ紳士は意外なことを口にした。

「うむ。ふたつとも良い質問ではあったぞ。この一ヶ月でふたりともよく勉強し、がんばって準備したことを察することはできる」

僕は少しほっとした顔でジュリーを見た。彼女もまた同じ気持ちでアロハ紳士を見ているようだった。

「ただ、コーチングというものは、いくら良い質問を学び覚えたところで、相手にとって効果的に働くかはまったく別だ。事実、いじわるをしたわけではなく、〝今のわしには〟本当に答えにくい質問だった」

僕は、この一ヶ月で、コーチングの本を30冊以上読み漁り、ネットでコーチングセミナー動画を何本も見た。ただそれだけでコーチングを少しわかったつもりになっていた自分をさっそく恥じていた。

「コーチは、スポーツ同様、ビジネスでも欠かせない職業となった。世界中にコーチの資格を発行するコーチングスクールはたくさんある。だが、コーチとして、結果を出し、十分なお金を稼ぎ、長年活躍し続けている者は、ほんの一握りだ。**〝コーチングを学び資格を取る〟のと〝活躍できるコーチになる〟のでは、まるで違う学びが必要となるからだ**」

するとジュリーは深くうなずいて言った。

「たしかに、〝どのコーチングスクールでも、稼げるコーチになる方法までは教われない〟とネットにもたくさん書かれていました」

「それは当然だ。理屈や理論はいくらでもお勉強できるが、**十人十色のクライアントの結果を出すためのやり方は、実践からでしか学べん**し、それを他人に教えることができるコーチなどそうはおらん」

アロハ紳士はふたつ目のマドレーヌを食べた指を舐めながら話を続けた。

〝残りかす〟より、超一流の〝感覚〟

「古代中国から伝わるこんな話がある。

ある車作りの職人が、書物を読む公爵に言った。

『あなたは何を読んでおいでなのですか』

すると公爵は言った。

『昔の聖人たちのことを読んでおるんだよ』

それを聞いた職人はこう言った。

『それでは、あなたがお読みになっているのは、昔の人の〝残りかす〟に過ぎませんな』

それを聞いて怒った公爵は言った。

『なぜそんなに偉そうなことが言える？　理由を言え。ちゃんと説明できなければ死刑にするぞ』

そしてその職人はこう答えたんだ。

『この車を作るのには、軸をかたく閉めすぎても緩めすぎてもいけません。ぴったりとしたものを作らなければならんのです。

で、私はこの両手で感じたり、心の中で判断したりいたします。このことはまず言葉では言い表せないのです。

書いて残すわけにもいかんのです。それどころか、この私の勘や感覚は、息子にも伝えられないのでしてな……。昔の人はとっくに死んでいて、伝えられなかった勘や感覚は消えてしまっています。

だから公爵、あなたが読んでいるものは、昔の人の〝残りかす〟だと申すのです』

とな」

アロハ紳士は僕たちを見ながら言った。

「何が言いたいかわかるか？」

その問いにジュリーが答えた。

「いくら本を読んだり、スクールで学んでも、その学びは〝残りかす〟にすぎないってことですよね……」

彼は首を横に振った。

「わしが言いたいのは、これからお前たちに〝残りかす〟ではない、超一流のプロコーチの〝感覚〟を伝えていくってことだ」

深々とうなずく僕らを見ながら、アロハ紳士は話を続けた。

「お金を稼ぐためには当然、ビジネス力が問われる。特に、目に見えないサービスを提供するコーチには、集客する上でも**〝深いビジネスの視点〟が不可欠**だからな」

「それはご指導いただけるのでしょうか？」

思わず大きな声で僕は尋ねた。

「もちろん。何度も言うが、コーチングの基本的なことは自分たちでしっかり学べ。わしは、君たちを〝稼げる一流のプロのコーチ〟にするためのトレーニングをする」

「はい！」

ジュリーは返事をするやいなや、すぐさま質問をした。

「では、コーチから弟子にいったん戻って、質問をさせてください。今回のケースはいったい何が問題だったのでしょうか？」

アロハ紳士はティーカップを持って言った。

「ヒントだけ教えよう。**君たちは、クライアントの私という人間をまったく観ていない。**

だから、さっそく失敗をしたんだ」

僕の頭には大きなクエッションマークが浮かぶ。

「コーチングという、人様の目標を共有し達成させていく行為はとても責任が重い。このトレーニングだってそうだろ？　君たちは貯金の8割ほどをこのトレーニングに投資し、人生をかけてこのトレーニングに臨んでいる」

僕は一瞬、ジュリーがアロハ紳士に手渡していた自分より何倍も厚い封筒を思いだし、背筋を伸ばした。

「その覚悟と期待に責任を持って全力で応える必要がわしにあるように、君たちも、トレーニングの一環とはいえ、わしの長いコーチ人生の最後に対して、同じように責任を持ってコーチングをする必要がある」

ジュリーと僕は、黙ったまま深くうなずいた。

「なのに、ふたりはどうだい？　今、その〝**責任を負える状態**〟でいるかい？」

（責任を負える状態……）

僕にはまったくない視点だった。

「結局、結果が出せるコーチとそうでないコーチの差は、その状態の差だ」

コーチの意外な立ち位置

僕たちがしばらく考えこんでいるとアロハ紳士は言った。

「では質問を変えよう。コーチはいったいクライアントの何に責任を持つ必要があるのだろうか？」

「それは目標達成ですよね？」

僕は即答した。

「では、どんな目標に対してもＢＢは責任を持ってるのかな？」

「そっ、それは……」

「実はコーチは目標を達成することには責任は持てないんだ」

僕らは想定外すぎる発言に目を丸くした。

「そっ、そんな、無責任な……」

「逆だよ。そんな考えこそが安易で無責任と言える」

もう何がなんだかよくわからなくなっていた。

「では、質問を変えて聞こう。目標を達成するのは誰だい？」

「それはクライアントです」

「じゃコーチは何をするんだ？」

「〝目標を達成させる〟のが役割では？」

ジュリーは自信に満ちた声ではっきりと言った。

「まさにそこだ！　君たちも、世の中にたくさんいるプロとは言えないコーチたちも、

コーチはクライアントの〝目標を達成させる人〟であり、〝達成させる〟ことを仕事だと

勘違いしている」

ジュリーはその言葉に食らいつく。

「でも、どんな本にもそう……コーチングの語源は〝馬車〟で、目的地まで送り届ける人って……」

「たしかに、目標達成に向かって全力で共に進んでいくのだが、**コーチの立ち位置はクライアントの後ろだ。前ではない。**コーチングの語源はたしかに馬車だが、決してコーチがクライアントを引っぱり、導くわけではない」

僕たちは一ヶ月で頭に叩きこんだコーチングの知識とあまりに違う説明をするアロハ紳士の発言に、口がふさがらないでいた。

「**〝コーチの立ち位置〟のイメージは、暗いトンネルの中で、クライアントが進むと決めた方向に、後ろからライトを照らすような感じだ**」

「ということは……、コーチはただ後ろからクライアントに付いていくということでしょうか？」

「その通りだ。**クライアントの目標を〝達成させる〟だなんて過信は、捨てなければならない。**まさに、その過信の〝怖さ〟を知っているコーチが〝プロフェッショナル〟と言える」

僕たちは急いでノートをとりはじめた。

「たしかに私たちは先生の目標を引きだし、どうやって達成させるかばかり考えて準備をしてきました。だから、主役である先生のことを観ることなく、無理やり引っぱろうとするセッションをしていたわけですね……」

アロハ紳士の表情は、穏やかな微笑みに変わった。

「まっ、そういうことだな。導いてやろうみたいなスタンスでは、プロのコーチにはなれん」

トンネルの後ろでライトを照らすようなセッションとは、いったいどんなセッションなのだろうか――。

僕は黙ったまま考えていた。

するとアロハ紳士は真剣な眼差しで言った。

「コーチは、クライアントの目標達成を実現させるために存在する。ただ、目標達成はクライアントがすることであり、コーチはクライアントの目標達成に責任を持つことはできない。ではジュリー、〝コーチはいったい何に責任を持つ〟のかね？」

ジュリーはしばらく頭を抱えていたが、諦めたのかアロハ紳士を見て首を傾げた。

「それはね、**クライアントが目標を達成するために決めた行動を、本人がやりきるまで、クライアントをクライアント以上に信じぬき、やれるまでサポートし続けること**だ。無論、やめてしまったらそれまでだがな」

セッションで一番大切にすべきこと

この話を聞いて、僕の中にはいくつもの疑問が沸いた。

「クライアントが決めた行動をやって、目標を達成できなかったら、それはコーチの責任ではないということでしょうか？」

「いい質問だ。結論から言えば、『YES』だ。ただ、だからこそ、**〝クライアントが行動を決めるプロセスにこそ、コーチの腕が問われる〟**ということでもある」

「なるほど……。けど先生、クライアントが行動をやめたというか、変えてしまった時はどうするべきなのでしょうか？」

ジュリーは僕も疑問に思っていたことを続けて聞いた。

「これまたいい質問だ。結論から言えば、『変える』＝『逃げ』であると判断した時は、コーチは『逃げ』であることをフィードバックしなければならない。『変える』＝『行動してみての修正』であれば、共に『変える』ことについてまたセッションをする」

僕は深くうなずきながら、少しだけ、リアルで実践的なコーチングの奥深い世界に触れた感覚をおぼえていた。

「〝人様の人生を大きく左右する行動を引きだしていくコーチが、一番大切にしなければならないことは何か？〟。この問いをしっかり深く考えることから始めなければ、本物のコーチにはなれんってことだな」

（〝コーチがセッションで一番大切にしなければならないこと〟）

僕らはふたりともこの問いをノートに大きくメモをした。

「たしかに、私はこの一ヶ月、いろんなコーチをネットで調べました。プロコーチに〝なりきる〟ためにも、コーチングスキルにある、誰かをとことん真似る〝モデリング〟をするために、多くの女性コーチを調べたのですが……、しっくりくるコーチが見つからなくて……」

「ほお、この一ヶ月でモデリングまで実践しようとするなんてたいしたもんだ」

「けど、見つからなかったのは、私がまだ〝この問い〟を深く考えることができていなかったからなのかもしれません。〝コーチを観る大切な視点〟が足りなかったのかと」

僕はあきらかに一歩、二歩先に行っているジュリーに純粋に感心していた。

「コーチがセッションで何を一番大切にしているのかは、そのコーチのセッションだけでなく、HPやSNSでもよくわかる」

「あの……、ちなみに、先生がコーチングで一番大切にしていることって……」

突然発せられた空気が読めていない僕の質問に、ジュリーの顔が呆れているのがわかった。

「それを自分で考えるのがトレーニングってこと。ですよね、先生！」

だが、アロハ紳士は笑いながらも、意外な回答を口にした。

「まさに、このスタンスが答えだ」

僕とジュリーは頭に大きなクエッションマークを浮かべる。

「わしが思うコーチがセッションで一番大切にすべきことは、〝**クライアントが自分の力で目標を達成した！　という達成感を味わえるようにすること**〟だ」

僕はなんだかとても深そうな答えを、探りながら口にした。

「僕たちは目標を達成させなきゃという責任を感じるあまり、主役がクライアントであるということすら忘れて、おこがましいセッションをしてたってことか……」

「そうだ。君たちは〝たかがコーチ〟のくせに、主役であるわしのことなど、まったく観もせずに、わしを無視して、強引に導こうとした。それがどれだけおこがましく、恥ずべきことか知りたまえ」

僕とジュリーは苦笑いする暇もなく、必死でアロハ紳士の言葉を余すことなく書きとめた。

「コーチという職業はだね、ある意味、『あなたのおかげで……』と感謝されているようでは、二流と言える」

僕の脳機能はアロハ紳士の意外な発言の連発で、もう完全にエラーの文字が出ていた。

「これだけはしっかり肝に銘じておきなさい。コーチはクライアントの信頼を得ることが何より重要だが、**〝依存されたらおしまい〟**だ」

僕らのメモの勢いは止まらない。

「君たちが目指す〝一流のプロコーチ〟は、クライアントが**〝自走〟**できるようにしていくコーチだ。だからクライアントをよく観て、クライアントが自ら、自分で考え、行動していけるようにセッションをしていかなければならない」

もう意味を考えるのは後にすることにして、とりあえず僕は必死でメモをとることに専念した。

「では今日のトレーニングは以上だ。また、来月の今日、出直し、私のゴールを明確にしてくれ」

そう言ってアロハ紳士は席を立ち、部屋の窓を開け、大きく伸びをした。

僕とジュリーは、必死で書き殴ったノートをしばらく眺めてから、ティーカップをキッチンに戻し、先生に挨拶をして部屋を出た。

外に出ると、肩の力がすっと抜けるような気持ちいい風が吹いていた。

「BB、まだ時間があるなら、カフェで今日のことを一緒にまとめない？」

「うん。〝クライアントを観る〟って、具体的にどんなことなのかしっかり考えて、来月のリベンジに臨まないとだね」

そして、僕らはカフェのオープンテラスでサンドイッチをかじりながら、まず、ノートにアロハ紳士の言葉をまとめた。

BB's summary note

- "コーチングができるようになる"と
  "コーチとして活躍することができる"は
  学ぶべきことは異なる。

- コーチは、クライアントの目標を
  "達成させる"役割ではない。
  目標達成には責任を持つことはできない。

- コーチは、クライアントが実行できる
  ベストな行動を引きだし、実行するまで関わり続けることに
  責任を持つ。

- コーチングで一番大切なことは、クライアントが
  「私は、自分の力で、目標を達成した!」という
  達成感を味わえるように関わること。

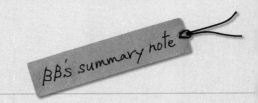

第3章
異次元の質問

クライアントを深く知る視点

一ヶ月後、僕らは再びアロハ紳士の部屋の椅子に座っていた。彼は今、トイレの中にいる。

「BB、今日は私が〝あの質問〟から5分ほど話を広げていくわね」

ジュリーは一本に縛った髪を締めなおしながら言った。

今日の僕たちのテーマは、アロハ紳士自身をよく観たセッションを行い、目標をしっかり設定することだ。この一ヶ月、僕らは休みなく〝クライアントを観るとは？〟について、議論を重ねた。

その結果、僕たちはこんなシンプルな答えにたどりついた。

それは、クライアントを主役にするため、〝クライアントのことをもっと知る〟から始めるということだった。

5分ほどして、お尻の穴を気にする素振りをしたアロハ紳士がトイレから出てきた。

「よう、元気だったか？　わしは切れ痔だ」

僕らはそのセリフを聞いていなかったかのようにキッチンに向かい、ホテルの烏龍茶をいれて彼に出した。

「では、今回もセッションをさっそく始めてくれたまえ、マイコーチたちよ」

ジュリーは声を整えて言った。

「先月はクライアントであるフェグダさんのことをよく知りもしないまま質問をしてしまい申し訳ございませんでした。今日は、これから共に目標に向かって旅をするフェグダさんのことについていくつか教えてください」

すると、お尻をもじもじさせながら彼は言った。

「なるべくプライベートなこと以外で頼むよ」

さっそく出鼻をくじかれた発言に、僕は一瞬動揺したが、ジュリーは冷静に話を進めた。

「わかりました。答えたくないことは答えなくて結構ですので、できる限り教えてください。さっそくですが、フェグダさんがコーチを目指されたきっかけは何だったのでしょうか？」

コーヒーカップを片手にアロハ紳士は言う。

「どうしても応援したい人がいてね……。その人のためにコーチングを勉強しまくったのがきっかけだ。それ以上は話したくない」

ジュリーは彼の顔を見て、ゆっくりうなずきながら話を続けた。

「そうですか、わかりました。ちなみに私も同じです。実は私、シングルマザーで7歳の息子がいるんですが、コーチになろうって決めたのも、彼の最高のコーチになりたいって思ったからなんです。限られた時間でも、誰よりも応援できる存在になりたくて……」

「えっ!!」

僕は思わず、横から声を出し驚いてしまった。

もう2年近く一緒に働いていたのに、ジュリーが結婚していて、子供もいて、今は、シングルマザーだったことも、何ひとつ知らなかったからだ。

「だからフェグダさんのコーチになった動機を知ってなんかホッとしました」

すると、アロハ紳士は静かに微笑みながら言った。

「そう考えると、しばらくの間、あの頃のコーチを志した〝純粋な気持ち〟を忘れていたのかもしれないな……」

意外な呟きを、ジュリーはしばらく静かに噛みしめながら沈黙を守っていた。

「大切な人を本当の意味で〝応援する〟ってことは簡単なことではないからな。どんなにその人を愛していても応援の質にはレベルがある」

僕はアロハ紳士の発言をメモしたかったが、セッション中なので必死で心に留めた。

「そう考えると、わしのコーチングは〝応援する〟をどこまで強く、深く、効果的にできるかを探求し続けて進化させてきた学問であり、技術とも言える」

先月とは違い、よく話をしてくれるアロハ紳士の話をジュリーはとてもさわやかな表情で聞きいっていた。

「大切な人を応援できる、**コーチングという技術は、本来、大切な人がいる人は誰もが学ぶべきもの**だし、学びたいものだと私は思います。特に母親は、子供のためなら、誰だって学びたいものだと思う……」

アロハ紳士は笑顔でうなずきながらお茶を飲む。僕はすっかりコーチであることを忘れ、ふたりのやりとりを感心して見ていた。

「フェグダさんもたくさんの人に応援されてきたとは思いますが、フェグダさんの思う、これまでに一番強く、深く、効果的に、自分を応援してくれた人ってどなたですか？」

「そうだな……、それはやはり、自分自身だろうな！」

意外な回答に一瞬ドキッとしたが、ジュリーは自然な微笑みで言った。

「フェグダさんらしい回答ですね。正直、予測していたお返事でした」

アロハ紳士とジュリーは優しく笑い合っていた。

それから、ふたりの自然な会話はしばらく続いた。

その光景は、まったく僕の入る隙のない別世界に感じた。けれどそれは、ずっと見ていたいほど、とても美しく心地が良い空間だった。


「うむ、では今日はこのへんにしておこう！」

アロハ紳士はジュリーとの会話をやめ、お茶を飲みほした。

「まだ、目標設定まで話を進めていないのですが……。それにＢＢの番もこれからで……」

「いや、もう十分だ。君たちは〝クライアントを観ることとはどういうことなのか〟を、しっかり考え、行動で示した。今日は合格だ」

僕とジュリーは顔を見合わせ、無言のまま、とりあえずハイタッチをした。

「では、ＢＢ！　まず、隣で聞いていて今のセッションは、なぜ先月のわしとはまるで違う状態となったのか、その理由を言ってみろ！」

僕はお茶を一口飲んでから、ゆっくり答えた。

「はい……、僕らは今日、クライアントである〝先生を観ること〟を実践するために、〝先生について知る時間〟を前半に作ろうと考えていて、それをジュリーが見事に〝自然体〟でやってのけたからだと思います」

するとアロハ紳士はうなずきながら真剣な眼差しで言った。

「そうだな。何より今日の勝因は、あの〝自然体〟だ。コーチに〝なりきる〟とは、肩ひじ張って、背伸びし、優秀ぶることではない。**〝自分は、１００％クライアントのために存在する〟**という姿勢を体現する必要がある。今日の自然体のジュリーは、１％も自分のための会話をしていなかった。見事にコーチになりきっていたと言える」

僕もジュリーも、必死でメモをとりながらうなずいていた。

「もちろん、まだまだクライアントを観る視点は弱い。そこで今日は、コーチに求められる〝視点のレッスン〟をする」

「はい！」

初めてのレッスンに心を躍らせる自分たちがいた。

四次元の質問

「では、諸君！　ベッドの横の棚の上に置いてある、あの女の子の人形を見てみろ」

僕らは、異常なほど荒れ果てた、ベッドの横に置いてある人形に注目した。

「先生、あの人形はルネサンス期にイタリアの有名な人形師が作った貴重品なんですよ。このホテルのオーナーの趣味らしいです」

「あいつの趣味か……。おかげで夜中にトイレに行けんわ！」

僕らは苦笑いを浮かべながら、椅子を人形の方に向けた。

「では、あの人形を観て、得られる情報を言ってみろ」

僕たちは交代交代に答えた。


「髪の色が金髪」

「目が青くてきれい」

「きれいな顔立ち」

「洋服の刺繍が細かくて美しい」

「レトロ感がある」

「身長は50センチぐらい」

するとアロハ紳士は机の上に山積みになっているマカロンを食べながら言った。

「もういい。まさに一般人の視点で得た情報だ」

僕らは自分たちの発言を書き留めつつ言葉の続きを待った。

「今、君たちが観て得た情報や、それに対して感じたことを、わしは〝三次元の視点〟の情報と呼んでいる」

（三次元……）

僕はとりあえずペンを走らせる。

「コーチに必要な視点は、〝四次元の視点〟、〝五次元の視点〟だ」

（四次元……五次元……）

突然のSFのような話の展開に、僕は胸を躍らせた。

「三次元とは、人間の誰もが目に見えている情報だ。点（一次元）と線（二次元）と縦で構成させている世界。**〝三次元の視点〟だけではコーチングはできん**し、このレベルではコーチでいう〝観ている〟とは言えない」

「なるほど。先月の私たちは、先生を〝三次元の視点〟でしか観ていない状態でコーチングをしていたってわけね」

ジュリーは手を動かしながらしみじみと呟いた。

「いや、〝三次元の視点〟ですら観ていなかったぞ」

ジュリーは僕を見て、ベロを出し、誤魔化した。

「ではまず〝四次元の視点〟の説明からだ。四次元とは、三次元に、時間軸を足した視点だ。難しい物理学の話はどうでもいい、単純に、何かを観る時の視点に、〝時間軸〟の視点を加えればいいだけだ」

「ではさっそく、あの人形を〝四次元の視点〟で観て得られる情報を言ってみろ！」

「え？　あの人形は15世紀にできた人形」

「うむ、まぁ、一応、〝四次元の情報〟と言えるな！」

「けど、それってたまたま僕は仕事上知っていた情報なだけで、もうあとは知りません」

ジュリーもうなずきながらアロハ紳士を見ていた。

「だろうな。ではヒントをやろう。時間軸を加えて観るということは、**〝タイムスリップして観る〟**ってことで、未知の情報に視点を持つということだ。すなわち、**〝問いを得る**

レベルで観る〟ということだ」

「じゃ、ＢＢが知らなかったら〝この人形はいつ作られたものだろう？〟という問いが四次元の視点で得た情報ということになるの？」

「その通り。〝問い〟が持てることも、四次元の視点で観たからこそ得られた情報と言える。**〝問い以上の価値ある情報はない〟**からな。アインシュタインも同じようなことを言い残しておる」

僕らはさっそく四次元の視点で得た〝問い〟をたくさんあげてみた。

「どうしてこの人形がこのホテルの部屋に置かれることになったのだろう？」

「この人形は、どんな人が作ったのだろう？」

「この人形は、どれだけの時間が掛かって完成したのだろう？」

「この人形は、どれだけの人の手が加わり作られたのだろう？」

「この人形は、どんな思いを込めて作られたのだろう？」

アロハ紳士はマカロンを両手に持って食べながら言った。

「意外と簡単にたくさん出てくるだろう。どの質問も聞くタイミングにもよるが、とても価値ある〝問い〟だ」

ジュリーは興奮気味に声をあげた。

「すごい！　〝時間軸〟を加えて質問を考えるだけで、その人形をもっと深く知りたくなるし、自然と愛着も湧いてくる。この視点で質問ができればクライアントのことをもっと興味が持てるようになるから、良いセッションができそう」

アロハ紳士は得意気にうなずく。

「そうだ。コーチは**どれだけクライアントに興味が持てるかがとても大切**なんだ。クライアント自身に興味が持てないと、前回みたいなクライアントを脇役にした、ひどいセッションになってしまうからな」

「たしかに好きでもない人に興味を持って話すのって難しいけど、〝四次元の視点〟を意識して質問を考えることができると、自然と興味も持てるようになりますね」

「ひどいぞ、ジュリー！」

アロハ紳士はもぐもぐと口を動かしながらジュリーを睨んだ。

「えっ、いえ……」

「ひどいよ、ジュリー！」

「BB！　貴様は言うな！」

ジュリーも僕も苦笑いしながらマカロンを手に取り、一口で食べた。

コーチに問われる意外な会話力

「いいか諸君、〝四次元の視点〟の質問の質もピンキリだ。さっきジュリーが聞いた〝コーチを目指されたきっかけは何だったのでしょうか？〟という質問は、過去に時間軸を置いた、わしに対する興味を持ったものではあった。だから、先月とは違いクライアントであるわしの貴重な情報をいくつか引きだすことができたのだが、きっと同じ質問をしていてもBBなら引きだせなかったはずだ」

僕は突然のダメ出しに戸惑いながらも答えた。

「えっ……でも、なんとなく、わかります。ジュリーは先生が〝応援したい人がいた〟と発言された時、そこを下手に質問して深掘りすることなく、自分の話を淡々と語り、先生から〝純粋な気持ちを忘れていたのかもしれない〟という気づきを促していました。間違いなく、僕にはできない会話だったと思います」

「うむ。そこまできちんと気づけているなら、BBにもできたかもしれんな。**〝コーチングとは100%、相手のためにする会話〟**であり、**〝答えはすべて相手の中にあることを大前提とした専門技術〟**だ。だから、話すのはクライアントであり、コーチは〝質問〟や〝フィードバック〟をするのが主な役割だ。ただ、実際はそんな簡単にセッションをすることはできん」

僕らは実践で多くの修羅場を超えてきたアロハ紳士の綺麗事ではないリアルな話にくぎ付けになっていた。

「相手の本音を引きだしたかったら、自分の本音を先に話すことが必要なように、コーチもクライアントが安心して、つい釣られて、色々と話をしてしまうような〝自然な会話〟ができなければならない。コーチに問われる会話力は、質問力やフィードバック力よりも、**〝引きだす語り力〟**なんだ」

僕らはどんな本やネットにも載っていなかった想定外の教えにあっけにとられていた。

「たしかに、私も質問ばかりされるのって嫌だったわ。自然な会話の方が普通に本音もたくさん話せるし。けど、そう考えると、**〝人って相手の話を聞きながら、自分に問いかける癖があるってこと〟**なのかしら」

「ジュリー、今日はやけに冴えているな。その通り、人は人の話を聞いているようで聞いていないんだ。話を理解しようとするよりも、どう返そうかを考えながら話を聞いている。その中で、自分に自然と問いかけるものなんだよ」

僕は、小さい頃から自然とやってきた普通の会話のことも、よく理解していなかったことに驚いていた。

「人は質問されて考えるだけではなく、**〝話をされて考える習性があるってこと〟**だ」

僕もジュリーも、次々と飛びだしてくるまったく予想外の教えを必死でメモする。

「ただ、その〝引きだす語り力〟は経験とセンスが問われる。当然、話しすぎていたらアウトだしな。トレーニングで伸ばせるのは質問力だから、引き続き〝四次元の質問〟について学んでいこう」

（引きだす語り力……）

僕は自分にもできるものなのか不安になりながら、今までの話のメモを取り終えた。

アロハ紳士は流暢な語り口でレクチャーを続ける。

「もし、ジュリーが〝引きだす語り力〟がなかったら、『コーチを目指したきっかけは何だったのでしょうか？』という質問に対し、『応援したかった人がいたからです』で終わっていた。質問自体は、過去に時間軸を置いた〝四次元の質問〟ではあったが、質が高い質問文だったわけではない。そこで、この質問をもっと答えやすい、質の高い〝四次元の質問〟に変えてみろ」

僕は、〝四次元の質問〟に差があることはなんとなく理解できたが、質を高くするコツがまったくわからなかった。

「ヒントは、質問をもっと具体的にすればいいということだ」

するとジュリーは閃いたような目で言った。

「あなたがコーチになろうと決めた時、どんな出来事があったのですか？」

「いいね！　そんな感じだ！　ＢＢも言ってみろ！」

僕はジュリーの答えをヒントに質問した。

「いったい、どんな強い思いがあって、コーチを目指そうと決めたのですか？」

「いいぞ！　もうひとつ来い！」

「どんな出会いが、あなたをコーチになろうと決断させたのですか？」

「いいぞ！　〝どんな出来事〟〝どんな強い思い〟〝どんな出会い〟という言葉は、決めつけたものではあるが、このような決めつけたフレーズをあえて入れるのは実践ではとても有効だ。まぁ、会話の流れから、どのフレーズがヒットしそうか考えていくものなのだがな」

僕らは自分たちの質問も含め、必死でメモをしながら話に集中した。

「それに、答えやすくなるだけでなく〝出来事〟や〝強い思い〟や〝出会い〟がなかったとしても、『あったかな……』とクライアントは考えようとするし、なくても何かしら連想して答えるものだ」

するとジュリーは手を止めて言った。

「それに、なんだかとても興味を持たれている感じがして、相手の気分も良くなりそう」

アロハ紳士はうなずく。

「よし、今日はもう少し、〝四次元の質問〟の練習を実践的にするとしよう。では、ＢＢ、わしについて知っていることを5個言ってみろ！」

「アロハシャツ好き」

「職業はコーチ」

「クライアントが著名人だらけ」

えっと……あとは……。「エロじじい」「焼きそば好き」


「お前、よくそんな三次元で得た情報だけで、このわしの引退についてコーチングなんてしようとしたな！」

「すみません……」

「君たちは、セッションの主役であるわしのことをよく知ろうともしないで前回はセッションを始め、失敗した。もしセッションを成功させたければもっと深く、わしのこと知る必要がある。そこでひとり2問、わしのことを知るための〝四次元の質問〟を許可しよう」

僕らはさっそく考え、次々に質問をした。

「先生はいつ生まれたんですか？」

「先生がコーチとして、もっとも成長できた瞬間は、どんな時でしたか？」

「先生がこれまでに一番言われてうれしかった言葉は何ですか？」

「先生が死ぬ前に一番見たい景色はどんな景色ですか？」

アロハ紳士は目を閉じ、腕を組みながらうなずいていた。

「うむ、なかなか良い質問だ。ちなみに、ＢＢ！　わしがいつ生まれたのかを聞いた目的はなんだ？」

「いや、ただの個人的な興味です……」

「ではＢＢ、クライアントを知る目的は何だ？」

「それはクライアントと信頼関係を築き、クライアントを主役にセッションをするためです……」

「そのために年齢を知ることは絶対に必要か？」

「いえ……」

「では、ジュリー、〝もっとも成長できた瞬間〟を聞いた意図は？」

「えっと……、自分が早くコーチとして成長したくて知りたかったことです……」

アロハ紳士は柔らかい表情で僕たちを見つめた。

「もちろん、クライアントのことを色々と知り関係性を深めることも大切だ。しかし、コーチはクライアントと友達になるわけではない。それに、クライアントはコーチとの会話にお金を払っている。ちなみに、わしの高いセッションだと1分8万の計算になる」

「1分で8万……」

思わず唾を飲みこんだ。

「そんな貴重なセッションの時間で、**〝自分が知りたいだけの質問をしていてはコーチ失格〟**だ。コーチは、クライアントのために、意図ある会話だけを常に心がけていなければならない」

するとジュリーが手を挙げた。

「そう考えると、コーチが絶対に知らなければならないクライアントの情報ってどんなことなのでしょうか？」

アロハ紳士は時計をちらりと見た。

「それを考えるのがトレーニングだが、今日はもう腹が減ったから教えよう。コーチが絶対に知らなければならないクライアント情報はひとつだ」

（ひとつ……？）

「それは、クライアントの **〝エネルギーの源〟**――通称 **〝コア・ドライブ〟** だ」

僕は色々と聞きたい気持ちを抑えながら、とりあえずノートに〝コア・ドライブ〟と大きく書いた。

「来月までの宿題は、『クライアントの〝エネルギーの源（コア・ドライブ）〟とは何か？また、どんな質問が〝エネルギーの源（コア・ドライブ）〟を引きだすことができるのか』だ。しっかり考えておくように！」

アロハ紳士は席を立ち、おしりの穴を手で確認しながら言う。

「ちなみに、〝一番言われてうれしかったこと〟と〝一番見たい景色〟を聞いた質問は、

〝エネルギーの源〟を探る質問と言えるな。よし、今日のトレーニングはこれで終了だ。もし時間があるなら一緒にランチでも行かないか？」

僕らは思いがけないアロハ紳士のお誘いに、迷うことなく甘えることにした。

グーラッシュ

ホテルのエントランスで僕たちはアロハ紳士のロールスロイスに乗って出かけた。アロハ紳士は運転手を付けず、自らハンドルを握っていた。荒く激しい運転に僕らはとにかく早く到着することを願った。

「ところで、ＢＢ！　お前、彼女はいるのか？」

「いえ……、いません……」

「彼女のひとりもいないのか？　情けないやつめ！」

「でも彼はホテルの女性スタッフにとても人気があるんですよ！　ね？　ＢＢ！」

僕はジュリーのナイスフォローにのって尋ねた。

「先生はご結婚されているのですか？」

「結婚はしていないが、彼女なら36人はいるぞ！」

つっこみたくてもつっこみきれない返答を聞いて、僕は質問を続けることを諦めた。

「そうだ。僕、ジュリーがシングルマザーってさっき初めて知ったよ」

「ごめんね、色々と訳ありでね。ホテルの同僚にも話してなくて」

「そっか。けど〝人を知る〟って意外とできていないものなんだなって、今日のトレーニングで痛感したな……」

「そうね。〝人を知る視点〟なんて考えたこともなかったからね。ま、だから結婚に失敗したんだけど……」

触れづらいジュリーの自虐ネタに戸惑いながら、僕は話題を変えた。

「先生はたしか、お住まいはハワイでしたよね？　どうしてプラハによくいらっしゃるのですか？」

「そりゃ、世界一美女が多い街だからだ！　それに、世界一美しい街のくせに、世界一ビールを飲んでいるところも気に入っている。しかも安いしな！」

　僕は苦笑いで、会話を続けた。

「僕の日常は、ホテルと2キロほど離れたホテルの寮の行き来ばかりで、この街をあまりよく知らないから、レストランでランチをみんなで食べられるなんてうれしいな……」

「私も！　街になんていく暇、一切ないしね……」

「今日はプラハ名物〝グーラッシュ〟を食べに行こう。あの店のグーラッシュは、大きなパンの中に赤ワインでじっくり煮こんだ牛肉入りのコクのあるスープが入っていて、もう頬がとろけるぞ」

　僕は思わず唾を飲みこんだ。

「ちょくちょくお店には顔は出していたんだが、食べるのは久々でね……。いやぁ、すまんなBB！　今日はごちになります！」

僕はその言葉を聞こえなかったことにして、プラハの美しい街並みを眺め続けた。

車はホテルから15分ほど走った街の外れの静かな大通りで停車した。僕らは車から降り、大通りから一本入った小道に並ぶ、一軒の小さなお店に入った。

「いらっしゃい！　あら、やだ、〝目標達成の神様〟じゃない！」

「久しぶりだね、キャンディ！　元気だったかい？」

アロハ紳士は、きっと40代後半ぐらいであろう長身の金髪女性の頬にキスをして、僕たちを見た。

「今日はわしの愛弟子たちを連れてきたんだ。君のグーラッシュをふたりにも食べさせてあげてくれ」

僕とジュリーは、彼女に笑顔で挨拶をして、案内された窓際の席についた。

お店の中は白を基調としたお洒落なデザインで、優しく甘くて香ばしい匂いに包まれていた。

「あなたが弟子を持つなんて、どんな心境の変化かしらね！」

「こんなわしも、日々成長しているってことさ」

金髪女性はとても優しい表情で微笑みながら、僕らをじっと見た。

「美男美女のおふたりさんは、どちらから来たの？」

「私たちはホテル・シャトープラハの従業員なんです」

するとアロハ紳士が横から笑いながら言った。

「キャンディは、君たちのホテルの元総料理長なんだよ」

「ええええっ！」

僕たちは驚きの出会いに、返すべき言葉を見つけられなかった。

「やだ、後輩なのね。でも私が辞めて20年ほど経つから、もう遠い昔のことよ」

「先生とはどのようなご関係で……」

「そうね……、その昔、あなたたちの先生にフラれたの。かわいそうでしょ？」

アロハ紳士は口に入れた水を今にも吹きだしそうにしていた。

「キャンディ、わしの愛弟子たちは、まだ人を観る視点も乏しい未熟者なんだから、あまり余計な冗談は言わんでくれ」

「はいはい、ごめんあそばせ。では、三人に当店の特製グーラッシュをお持ちいたします」

キャンディは、エプロンを締めなおしながら、キッチンへ消えていった。

「先生、彼女ね！　プラハが好きな本当の理由は！」

ジュリーは水を飲みながらアロハ紳士を意味ありげに見つめた。

「まぁ、彼女とは色々とあってな……」

「BB！　見つけたわよ、先生の〝コア・ドライブ〟ってやつ！」

「おいおい、そんな簡単な妄想で人の〝コア・ドライブ〟を決めつけるんじゃない」

僕は、ふたりのやりとりを聞きながら、アロハ紳士がなぜ僕たちをこの店に連れてきてくれたのかを考えていた。

「でも、こうやって先生が大切な人のお店に、僕たちを連れてきてくれて、紹介までししてくれたんだから、色々と察して参考にしていこう」

ジュリーは僕の肩に手を乗せて言った。

「BBって、たまにかっこいい、大人なこと言うのよね」

アロハ紳士は僕らのやりとりを微笑んで見ていた。


「はい、おまちどうさま」

僕たちの前に、香ばしい匂いが漂う、大きな丸いパンの中にシチューが入った料理がそれぞれ一皿ずつ並んだ。

「すごい！　こんなに大きなパンの中にたくさん具が入ったグーラッシュ、初めて見た」

ジュリーはとてもうれしそうにはしゃぎながら、携帯を取りだし、写真を撮りはじめた。

僕はそんなジュリーを差しおいて、さっそくスプーンを手に取り、いただくことにした。

僕たち三人はしばらく言葉を失いながら、夢中でそれを口に運ぶ。

「先生が言うように、本当に頬がとろけますね……。プラハに来て食べたごはんで一番おいしい料理です。なんか、心までホッと温まります……」

僕はグーラッシュを食べながら、母が昔よく作ってくれた野菜スープを思いだし、不思議と涙腺が緩んでいた。

僕の表情を見たからか、黙ったまま食べているアロハ紳士の目にもうっすら涙がにじんでいるように見えた。

そんな彼を、キャンディも不思議そうな目でキッチンの方から眺めていた。

五次元の質問

僕たちは器になっていたパンまですべて平らげ、おいしい料理の余韻に浸っていた。

するとキャンディが、デザートとコーヒーを持ってきてくれた。

「器のパンまで全部残さずに食べてくれてうれしいわ。はい、これが私の得意なハニーケーキよ」

出てくるやいなや、また、うれしそうに身を乗りだしてケーキの写真を撮るジュリー。

僕は思い切って、さっき学んだ〝四次元の質問〟をしてみることにした。

「あの……、どんな出来事があって、あの名誉ある総料理長を辞めて、このお店を開いたんですか？」

するとキャンディは、アロハ紳士の隣の席に腰を据えた。

「当時、あまりに責任が重いハードな仕事と、家庭の両立がうまくできなくてね……。その時に、あなたの先生に相談したら〝ヘンテコな質問〟をされてね、その結果がこれ」

「えっ？　何ですか？　そのヘンテコな質問って？」

ハニーケーキを頬張りながら、アロハ紳士が口をはさんだ。

「ちょうどいい！　そのヘンテコな質問こそ、まさに次に教えようとしていた〝五次元の質問〟だ。どんな質問か考えてみたまえ」

ジュリーはハニーケーキを幸せそうに食べながらキャンディを見つめ呟いた。

「女性があのホテルの総料理長の座に就くって、想像もできないほど大変だったはずだわ。

その地位とキャリアを捨てる決断をさせた〝ヘンテコな質問〟って……」

僕はノートを鞄から取りだしながらアロハ紳士に尋ねた。

「ヒントに〝五次元〟の意味を少し……」

「五次元とは、**〝同じ空間に違う空間が存在するということ〟**だ。もっとわかりやすく言えば、我々が認識している〝現実の世界〟とは別に、他の〝現実の世界〟もたくさん存在しているってことだな」

僕はそのような内容の映画を思いだしながら〝五次元〟の定義をメモした。

ふと、ジュリーが何かを思いついたかのように大きな声で叫ぶ。

「わかった！　〝もしもの話〟ってことね？　〝もし総料理長を辞めたら何がしたい？〟みたいな」

「おしいな。〝もし〟の質問は、〝五次元の視点〟にはなる。ただ、その質問だと、今の現実の世界の中での〝もしも話〟だ」

するとキャンディが呟いた。

「たしかに……似た質問ではあったけど、今の質問だったら辞める決断はしていなかったと思う……」

ジュリーはコーヒーをひと口含んでうなずいた。

「そうよね。必死で築いてきたキャリアを、〝もし辞めたら〟なんて軽く言われたくもないし、考えたくもないわよね……」

「ってことは、これまでのキャリアに固執している現実ではなく、もうひとつの現実を作った質問をすればいいってことか……」

僕の考察に、アロハ紳士が微笑んだ。

「ほぉ、BB、今日はお前も冴えているな。どんな質問になる?」

「〝もし、今、もうひとりの自分が、この世界で生きることになったら、どんな仕事がしたい?〟みたいなことでしょうか?」

キャンディの拍手が店の中に響いた。

「そう、そう、そんな〝ヘンテコな質問〟だったわ！　でも、その時、そんな質問をされて、パッと迷わずに頭に浮かんだ仕事というか、やりたいことがこのお店だったの」

ジュリーは深々とうなずく。

「そっか、**〝同時にもうひとりの自分がいたら〟**と質問されたら、キャリアに固執している自分を否定することなく、いったん横に置いて冷静に考えられたってことですね」

アロハ紳士はコーヒーを飲みながら静かに語りだした。

「〝五次元の質問〟とは、単にもうひとりのクライアントを作った質問をすればいいわけではない。当時のキャンディの状況とその質問がタイミングよく、ヒットしただけの話でもある。

〝五次元の質問〟とは、**〝今の現実をすべてだと思いこませないためにする質問〟**だ。そもそも〝現実なんてものは、その者の都合がいい、決めつけ、や、思いこみ、に過ぎない〟。

当時、キャンディは、必死で目標にしていた総料理長の座に就いたばかりだった。当然、総料理長である自分こそが現実であり、すべてだったわけだ。

ただ、彼女は総料理長の仕事を立派に果たす一方で、家庭や体調に大きな問題を抱えていた。そして何より、彼女は、自身が料理人として〝一番大切にしていたこと〟、〝コア・ドライブ〟を忘れかけていたんだ。

わしは、その状況を見極めたタイミングでその質問をし、数ヶ月後に彼女は、自ら総料理長を辞める決断をし、このお店をオープンしたんだ」

キャンディは当時を思いだしているような目で、アロハ紳士の話にゆっくりうなずいていた。

「最後に、このことも覚えておきなさい。質問はどんな文言かよりも、**〝タイミングが何より重要〟**だ。そして、そのタイミングを見極めるために重要なのが、クライアントの状態であり、その状態を知るために、コーチはクライアントを知る視点が必要不可欠ってわけだ」

ジュリーはキャンディを見ながら言った。

「キャンディさんが料理人として〝一番大切にしていたこと〟って何だったんですか？」

その質問にキャンディはアロハ紳士の方を見て「何だったの？」と聞いた。

「おい、おい、そんな大切なことを忘れてしまったのか？　君はそれを取りもどすために、このお店を始め、取りもどしたから、こんなに心温まる世界一のグーラッシュが作れているんだろ」

「でも、そんな質問、あなたにされて答えた記憶はないわ」

キャンディの言葉にアロハ紳士は声をあげて笑う。

「なにもコーチは、聞いた質問だけからクライアントの重要な情報を知るわけではないからな」

「何、教えてよ！」

「100万だ」

「は？　そもそも、昔から、あなたのセッションって高すぎなのよ！」

僕とジュリーはふたりのやりとりを微笑ましく眺めながら、ハニーケーキを食べ終えた。

「では、先生、私とBBはこの後、街のカフェで勉強してからホテルに戻ります」

「なんだ、車で送っていくぞ」

「いえ、結構です。先生の運転でまだ死にたくないし、それにせっかくの再会をふたりきりで楽しんでください」

「うむ、また来月な！　BB、また部屋の予約を頼む。宿題はさっき伝えた通り〝コア・ドライブ〟について考え、引き続き〝四次元と五次元の質問〟を使い、わしの〝最高の引退〟をテーマにコーチングしろ。しっかり頼むぞ」

「承知しました！」

「あっ、それと、お互い〝一流のプロのコーチになる〟をテーマに、コーチングをし合い、お互いの〝コア・ドライブ〟を見つけて、わしに報告したまえ」

「わ、わかりました！」

ジュリーの顔を一瞬見てから、僕は宿題の内容をメモした。

僕たちは、キャンディと思いっきりハグをして、お店から観光客で賑う街まで歩くことにした。

コア・ドライブ

「あのふたりってどんな関係なんだろうね。とてもお似合いだったけど」

「まあ、それは置いておいて、先生が気づいていて、彼女が気づいていなかった、料理人として〝一番大切にしていること〟って何だったんだろう。それがキャンディさんの〝コア・ドライブ〟ってことだよね」

「そうね。なんかさ、自分自身が気づいていない〝一番大切にしていること〟を、自分以外の人が知っていてさ、20年も見守られているってすごくロマンティックよね」

「うん。本当に、コーチってかっこいいよね。僕も、あんなコーチになりたいな……」

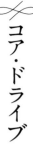

「ＢＢならなれるよ、絶対に」

「ありがとうジュリー。今日のセッションで、本当にジュリーからたくさんのことを学ばせてもらったよ。すごくかっこよかった……」

ジュリーは、出会った2年前から、どんな時もずっと僕を姉のように見守ってくれている。そんな彼女の言葉は、不安と希望が戦い続けている僕の心を優しく包んでくれた。

僕たちはメインストリートから一本外れたオープンカフェに入り、席に着くなりノートを取りだした。

そして、まず〝四次元の質問〟を復習してから、〝五次元の質問〟を自分たちのものにするために考えなおしてみることにした。

「〝五次元の質問〟って、**〝今の自分とは違う現実を生きる自分を想定して考えてもらう質問〟**だったよね」

「うん。簡単そうで、使うタイミングが重要で難しいんだよな……」

「とりあえず〝現実〟の定義から深掘りしてみようか」

「先生は、**現実とは、自分の〝思いこみ〟〝決めつけ〟でしかない**って言ってたけど、たしかに〝これが現実さ〟なんて発言も、自分の小さな世界で、自分が決めつけた結果でしかないよね」

「そうね。〝現に実際起きていること〟と辞書には書いてあるだろうけど、先生が言う現実の定義は、〝自分が決めつけている世界〟ってことよね」

ジュリーはティーカップを両手で持ち、遠くを見ながら話を続けた。

「私は一生、月6万コルナ（約30万円）程度の給料で、あのホテルで働き続けて、子供を育てて生きていくことが自分の現実だと思いこんでいたけど、先生に出会ってからはそれが現実とは思えなくなってきて……。今、もっとワクワクする現実を生きている自分がいる」

「僕もだよ。生きていくためだけに、今の仕事をがんばってきたわけで、その程度の人生が自分の現実だと思いこんでいた。でも、現実って、たったひとつの出会いや、出来事で、ガラリと変わるもんなんだな……。とはいえ、僕はまだ、アロハ紳士との出会いは、毎朝起きた時に夢だったのでは、と思ってしまうんだけどね」

ジュリーは笑いながら言った。

「そう考えると、あのアロハ紳士は、存在自体がコーチで、存在だけで私たちをコーチングしてくれているってことになるのかもね」

「うん。僕らはまだ先生のことをコーチとしても知れていないし、先生のすごさも、全然、はかれていないんだろうね……」

ジュリーは器用に髪を縛りなおしながら言った。

「よし、先生がキャンディさんにした〝五次元の質問〟が、なぜ効果的に働いたのかを、もう一度おさらいして、来月のセッションの戦略を練ろう」

僕らは心地いい太陽の光が優しく照らすテーブルの上にノートを広げ、今日の話を思いだしながらまとめていった。

BBの〝エネルギーの源〟

「〝コア・ドライブ〟を、キャンディさんは忘れていたから、先生はあの質問をしたって言ってたよね。だから僕たちも効果的なタイミングで〝五次元の質問〟をするためにも、〝四次元の質問〟で、まず先生の〝コア・ドライブ〟を探さなきゃだよね」

「先生の〝コア・ドライブ〟か……。そもそも〝エネルギーの源〟って何かしら？」

「キャンディさんが料理人として忘れてはいけないことって、先生は言ってたよね」

僕たちはしばらくの間、お互いノートを見直しながら考えていた。

「じゃ、こうしましょう！　私たちもコーチとクライアントに分かれて、エネルギーの源である〝コア・ドライブ〟を引きだし合ってみて、〝エネルギーの源〟の理解を深めていきましょう」

「うん、いいね！　じゃ、レディーファーストでジュリーからコーチね！」

ジュリーは、いたずらっぽくほっぺを膨らませて僕を睨んでから、背筋を伸ばしてさっそくセッションを始めた。

「ＢＢがあんなに丁寧にルームキーパーの仕事をがんばってる理由って何？　ほら、急遽対応してもらったパーティーのホールの仕事も全員の名前を憶えていたじゃない？　本当に仕事に対するエネルギーはすごいと思うの」

「僕はただ、こんな不景気に今の仕事をクビになったら、もう仕事もないだろうし、帰る場所もないし、生きていけないから必死に働いているだけだけど……。まっ、強いて言えば、正社員になれたらいいなとは思ってたよ」

「そうかしら？　それぐらいの動機の人はホテルの従業員にはたくさんいるよ。けど、誰もＢＢほど丁寧な仕事もしないし、実際、指名が入るルームキーパーはＢＢの他にはいないわ」

ジュリーはペンを指で回しながら続けて僕に質問を投げかけた。

「これまでの人生で、一番、人に言われてうれしかった言葉って何？」

僕は紅茶を飲みながらじっくり考える。

「——うれしかった言葉というか、そう、今でもずっと忘れられないことがある。僕のお母さんは幼い頃に死んじゃって、ずっと僕はお父さんとふたりきりだったんだ……。でも、お父さんも病気になって、家で最後の2年ほどは寝たきりで……」

あの頃の気持ちを思いだしながら僕は話を続けた。

「そんなお父さんが、最期に見たことのない笑顔で〝お前は母さんにそっくりな優しい子だ。いつも笑顔で世話をしてくれてありがとう〟って、言ってくれて……」

ジュリーはうなずくだけで、何も言わない。

「当時、仕事もしながら看病もしていて、正直、毎日とても大変で、逃げだしたくなる日もあったんだ。でも、お父さんもいなくなった後、僕は自分でもびっくりするほど無気力になって……、気がつくといつもお父さんの部屋の掃除ばかりしていたんだ」

僕はなぜか言葉が止まらない。

「だからルームキーパーになったって話じゃないよ。けど、なんであの時、部屋の掃除ばかりしてたのかな……って考えてみると、僕はお母さんが死んじゃってから、とにかくお父さんに笑ってほしくてずっと必死だったんだ……。そんなお父さんも天国に行っちゃって……。そう考えると、僕は大切な人の笑顔が見たくて、そのために動いている時間が、自分の存在価値を強く感じることができて、エネルギーが沸くのかもしれないな……」

ジュリーは深くうなずきながら紅茶を一口飲んだ。

「覚えているかな、BBが研修スタッフだった頃、ホテルのロビーに泣き叫ぶすごい酔っ払いがいてさ。みんな避けてたのに、BBが率先して駆けよったの。私、あの時のあなたの対応を今でもはっきり覚えているの。表情も、言った言葉も全部。あの酔っ払いがホテルの外でBBにハグした時に一瞬見せた安堵の顔も目に焼きついている。あの時、この人は、人の深い悲しみや嘆きが理解できる人なんだなって思ったわ」

少し照れながら、僕は紅茶をいっきに飲みほした。

「〝エネルギーの源〟なのかどうかはわからないけど、BBって、人の悲しむ顔や、寂しい顔を見るのが人一倍嫌いで、それをなんとかしたいっていう思いが〝コア・ドライブ〟なんじゃないかしら」

ジュリーの言葉を聞いた瞬間、僕は味わったことのない衝撃を全身で感じた。

それは、何と言うか、ジュリーが僕の中にスーッと入ってきた、と言うか……、とにかく、身体ではなく、心が優しく思いっきり触れ合い、ひとつになるという感覚を味わっていた。

「ジュリーって本当にすごいな……。今日の先生とのセッションもそうだったけど、自然な会話の中で、スーッと人の中に入って、大切なことを引きだしちゃうんだから……」

「でもどうかな？　それがＢＢが〝一流のプロのコーチになる〟ためのエネルギーの源って、そういうことでいいのかな？」

はっきりジュリーの目を見て僕は言った。

「先生の言う、〝コア・ドライブ〟ではないとしても、僕は今、コーチになりたい理由が、単にアロハ紳士への憧れではないことに気づけたよ。なんであのパーティーの時、仕事を忘れて強烈にコーチングに興味を持ったのかがわかった気がする。うまく言葉にはできないけど。僕はコーチっていう、**誰かを、誰よりも応援して、笑顔にできる仕事**というか、プロがいるってことに心が震えたんだ……」

話していて、興奮していることが自分でもわかる。

「ジュリーは『子供を、限られた時間でも、誰よりも応援できる存在になりたい』って言ったように、僕もコーチになったら、〝もっとあの時、お父さんを励ましてあげることができたんじゃないか？〟とか〝あの時のお客様の心の支えになれたんじゃないか？〟って思いが自然と沸いて出たんだ」

ジュリーはとても爽やかな表情だ。

「そっか、きっとずっとそんな問いを無意識にも持ち続けていたから、コーチという存在を知ってビビッてきたのね」

僕は深く深く、うなずく。

「それに何より、さっき、僕はジュリーとひとつになれた感覚があったんだよ」

「やだ、ＢＢ！　えっち！」

「いや、そうじゃなくて、先生が言った、〝クライアントを主役にして関わるって感覚〟

がクライアントの立場になって少しわかった気がするんだ」

「えー、なになに、私も感じたいから交代して！ ……って、もうそろそろホテルに戻らなきゃだね」


その日、僕らは、目標に向かうために、一番忘れてはいけない〝コア・ドライブとは何か？〟という問いを共有し、それぞれの仕事に向かった。

僕の心はジュリーのコーチングのおかげでとても軽く、そして、何か熱いものを感じはじめていた。

BB's summary note

- プロのコーチとは、100%、
相手のための会話を、自然体ですることができる人。
相手によく見られたいなどの気持ちから、
自分のための会話をしてはならない。

- 実践でプロのコーチに問われる知られざる力は、
「引きだす語り力」である。人は、自分ごとに
照らし合わせやすい話を聞くと、自然と自分に対して
"効果的な質問"をつくる習性がある。

- 『四次元の質問』とは、目に見える情報に「時間軸」を加え、
より深く、価値ある情報を得ることができる質問。

- 『五次元の質問』とは、「もうひとつの現実」をつくりだし、
相手の"思いこみ"や"決めつけ"を横に置き、より、俯瞰し、
客観的に価値ある情報を得ることができる質問
(質問をするタイミングが重要)。

- 『コア・ドライブ』とは、クライアントが目標に向かう
"エネルギーの源"のこと。コーチがクライアントを観て、
絶対に知らなければならないこと。

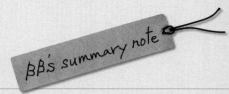

第4章

コア・ドライブ

アロハ紳士の過去

一ヶ月後、僕らは再び、アロハ紳士が宿泊する部屋のドアをノックした。

「来たか、入れ」

僕らは一瞬、アロハ紳士の恰好に戸惑い、その場に立ちすくんだ。

彼は、着物を着て、ロン毛の白髪を一本に締めあげていたのだ。

「先生、今日はハワイではなく、日本ですか？」

アロハ紳士は背筋を伸ばしたままキッチンに向かいながら言った。

「拙者は、日本帰りでござる。本日は日本茶をいれるでござる」

するとジュリーが鼻で笑うように言い放った。

「いつものパンツ一丁の恰好より、きちんと着物を着ている姿に驚いてしまっている自分にびっくりよ……」

僕たちはその雰囲気にのまれないように、大きく深呼吸をしてから椅子に座り、彼が来るのを待った。

「ほれ、飲んでみろ、日本の高級な新茶葉でいれたグリーンティーは、まさに飲める芸術作品だぞ」

「日本にはお仕事ですか?」

「ああ、火星に人類を連れていこうと奮闘しているあの怪物起業家と日本で落ち合って、最後のセッションをしてな。しかし、あいつと話していると自分の現実の世界の狭さを痛感する。もともと日本には興味があったが、これからは頻繁に行くことになりそうだ」

あまりにスケールの大きな雑談で平常心を失わないように僕は日本茶をゆっくり飲んで精神を落ちつかせた。

「では、今日の前半は、〝四次元、五次元の質問〟を使いこなしながら、セッションの続きをしてもらおう」

ジュリーはスーツの襟を正してからさっそくセッションを始めた。

「では、今日もまず、フェグダさんのことをもう少し知るために、前回の続きから話をさせてください」

アロハ紳士は日本茶を飲みながらうなずいた。

「フェグダさんは、前回、ここ数年、〝コーチになった頃の純粋な思い〟を忘れていたのかもと呟き、そして、自分のやってきたことは〝応援する〟を深く追求してきたこと、とおっしゃいました」

彼は首を縦に振る。

「〝純粋な思い〟を忘れていなかった頃と、忘れてしまっていたかもしれない今。人を全力で応援してきたことは同じだと思うのですが、フェグダさんの中ではどんな違いがあると思いますか？」

アロハ紳士は珍しく、しばらく目をつぶったまま考えていた。

「そう考えると――たしかに、誰よりも深くクライアントを〝応援する〟という気持ちと熱意はずっと変わらない。今も、世界を変えていける影響力がある者をクライアントに選び、世界をより良くしていくことに貢献しているつもりだ。しかし、何か〝違和感〟を味わいはじめてな……」

「その違和感っていうのは、パーティーでお話をされていた、世界が良くなっていない、という危機感が関係あるのでしょうか？」

「いや、あれは、あの場にいる者たちに発破《はっぱ》をかけただけだ。違和感はそこではない気がする……」

僕はますますアロハ紳士が何を考えているのかよくわからなくなった。

しかし、ジュリーは何ひとつ動揺することなくセッションを続けた。

「もしよかったら、差しつかえない範囲で結構なので、最初に誰を応援したくてコーチを目指したのか教えていただけますか?」

「……恋していた女性だ。30歳の頃、同じ職場にいた女性に一目惚れしてね、その彼女を応援したくて、コーチングを必死で身につけたんだ」

アロハ紳士はこれまでとは違って、心を開いて話をしてくれている気がした。

「ただ、彼女はすでに結婚していた。それでも、わしは彼女が好きでね。だから、せめて誰よりも彼女を応援したくてコーチングを学び、振りむかせたくて〝世界一のコーチ〟を目指したんだ」

ジュリーはしばらく優しい眼差しで、アロハ紳士を静かに見つめていた。

「それがフェグダさんが言った〝純粋な思い〟ですね?」

彼は静かにうなずきながらテーブルの上の和菓子を手に取った。

この瞬間、僕はアロハ紳士の中に入りこんだ感覚を覚えた。そして、ジュリーも間違いなく同じ感覚を共有しているようだった。

コア・ドライブの正体

「よし、セッションはいったん、ここで終了しよう」

ジュリーは安堵からか、大きく深呼吸をして、日本茶を飲んだ。僕も首を回して、鞄からノートとペンを取りだした。

「今、君たちが感じただろうその感覚をよく覚えておくことだ。君たちはやっと、クライアントである私の一部になった。言い方を変えれば、〝コーチとして、クライアントを目標に向かってコーチングをしていける状態〟になったということだ」

ジュリーもノートを取りだしながら言った。

「この感覚、ＢＢの〝コア・ドライブ〟らしきものを引きだした時にも少し感じたけど、たまらないわ……」

アロハ紳士は声を出して笑う。

「その快感こそが、コーチという職業のひとつの醍醐味でもあるからな。ではＢＢ、今、何が起きたのか説明してみろ」

僕は少しだけ頭を整理してから口を開いた。

「今、我々は、クライアントである先生をコーチングするために知らなければならない情報である〝コア・ドライブ〟を見つけたのだと思います」

アロハ紳士は僕に言葉を被せた。

「わしの何の〝コア・ドライブ〟だ？」

「えっと、先生がコーチであることの〝エネルギーの源〟かと……」

「その通りだ。では、ふたりとも、わしがコーチであることの〝エネルギーの源〟は何だったのか、まず、お互いノートに書いてみろ」

僕もジュリーもすぐにノートに書きはじめた。

するとジュリーが質問をする。

「先生、〝コア・ドライブ〟の定義を先に聞いてもいいですか？」

「――では、ふたりが引きだし合った〝コア・ドライブ〟は何だったのか、先に聞くとしようか？」

僕たちは、お互い別に用意してあるセッション用のノートを取りだした。

「まず、ジュリーからBBの〝エネルギー源〟を導きだした経緯を踏まえて発表してみろ」

ジュリーはノートを見ながら、僕とのセッションの経緯を端的に説明した後、こう発表した。

「BBの〝コア・ドライブ〟は、**〝人の悲しむ顔や、寂しい顔を見るのが人一倍嫌で、それをなんとかしたいという強い思い〟**だと判断しました」

アロハ紳士は、いつになく鋭い目で僕を見つめる。

「なるほど。では、BB、ジュリーがコーチを目指す〝コア・ドライブ〟は何だった？」

「それが、ちょっと自信がないんです。一言で言うと、〝子供の存在〟なのかと……」

アロハ紳士はジュリーの方に目をやった。

「もし、子供を産んでいない自分が、今と同じようにわしと出会っていたら、コーチを目指していたと思うかい？」

ジュリーはアロハ紳士の〝五次元の質問〟を受け、天井をしばらく見上げた後、口を開いた。

「はい！　もっと心にゆとりがあるはずだし、目指していたと思います。けど、子供に対して、仕事をしながらも、限られた時間の中で、後悔なく、誰よりも応援できる存在でいたいと思ったのが決め手だったのも事実です」

「であれば、それは動機になるな。コーチになるための〝コア・ドライブ〟ではない」

アロハ紳士は、僕らの目をしっかり見つめる。

「コーチが知りたいクライアントの〝コア・ドライブ〟とは、目標に向かい〝クライアントを、もっとも強く突き動かす信念〟だ」

僕はよく理解しないままだったが、そのまま発言を書きとめた。

「その信念とは、〝経験から生まれた強い思いこみ〟とも言える」

ジュリーは何かを考えこむような声で言った。

「なんとなくそんな定義だと思っていたので、私もBBも〝子供の存在〟という回答には違和感があったんですよね」

「では、ジュリー。君は、〝優しさの定義〟を何と言ったか覚えているかな？」

「はい〝相手をとことん信じて、時に厳しく、見守ってくれる人〟」

「そうだったな。その解答は、誰がモデルになっていると思う？」

「まさに、父です。父が私に対してそのように接してくれていました」

「では、自分もそんな親でありたいとも思うかね？」

「父は厳しすぎるところもあって、大嫌いだった時期もあったのですが、今、子供には父と同じように接している気がします……」

「では、ジュリー、君は、職場のマネージャーとして、育成に関してはどうあるべきだと考えてやっている？」

ジュリーは時間をおいて答えた。

「……同じですね。人は選びますが、とにかく部下の可能性を信じて、厳しさを忘れずに、見守ると決めています」

僕も横から口をはさんだ。

「たしかに、ジュリーは職場では厳しくて有名だけど、先生と出会ったパーティーの日のように、いざという時は、必ず守ってくれる頼れるマネージャーです」

「うむ、どうだ、ＢＢ。では、ジュリーの〝コア・ドライブ〟は何だと思う？」

「〝相手をとことん信じて、厳しく、見守る〟というスタンスが、信念と言えるので、それが〝エネルギーの源〟ですね」

「50点だ。ジュリーのコーチになるための〝コア・ドライブ〟は、**〝大切な人を、とことん信じて、厳しく、見守ることが優しさであり、愛〟**という考え方だろう」

ジュリーは細かく何度もうなずき、しばらく何かを感じているようだった。

「たしかにあの日の夜、BBが帰った後、コーチってどんな職業なのかパンツ一丁の先生に聞いた時、**〝世界一、深い愛が試される職業だ〟**と言われて、まず父の顔が浮かびました。それをきっかけに、気がついたら私もコーチになりたいとお願いしていました」

「どうだ、ジュリー、今、君は、わしが自分の中に入ってきた感覚があるか？」

「はい、クライアントの側で感じたのは初めてですが、よくわかります」

「どうだい？　どうなんだい？　わしが入ってきた感覚は？　ん？　ん？」

ジュリーは、変態じじいを完全に無視しながら、自分の〝コア・ドライブ〟を夢中で書き記していた。僕も先生の質問から、すべて急いでメモをした。

僕が一ヶ月がんばっても引きだせなかったジュリーの〝コア・ドライブ〟は、アロハ紳士の手にかかると、2、3分で引きだされたわけだ。

僕はアロハ紳士に質問をする前に、自分と彼の質問の視点にどんな違いがあったのか、しばらくノートを見ながら考えてみることにした。

「先生、ではBBの〝人の悲しむ顔や、寂しい顔を見るのが人一倍嫌で、それをなんとかしたいという強い思い〟は、〝コア・ドライブ〟でよかったのでしょうか？」

ジュリーの問いにアロハ紳士は少しだけ考えてから答えた。

「BBが、ジュリーが自分の中に入っていた感覚があったのであれば、それが〝コア・ドライブ〟と言えるだろう。ナイスセッションだ」

すると、アロハ紳士はノートとにらめっこしていた僕の顔をのぞいた。

「BB、なぜ、わしは簡単にジュリーの〝エネルギーの源〟が引きだせたと思う？」

「――理由はよくわかりません。でも、まさか〝優しさの定義〟を記憶していて、そこから引きだすなんて、本当にアッパレです」

「ふふ。BB、まだまだわしの方が、ジュリーに興味があるようだな！」

「えっ……」

僕は、〝人を知ること〟〝人に興味を持つこと〟の奥深さを目の当たりにし、とても興奮していたが、その一言を言われて、なぜかとても悔しい気持ちになっていた。

「では、〝コア・ドライブ〟の定義がわかってきたこのタイミングで、ふたりともノートにわしの〝コア・ドライブ〟を書いて発表してみろ」

僕に迷いはなかった。

さっきのジュリーのセッションを横で聞いていて、アロハ紳士のこの信念が頭の中に浮かんだ瞬間に、彼の中に入りこめた感覚があったからだ。

「では、BB！　名誉挽回のチャンスをやろう！　先に言ってみろ」

「はい、先生のコーチであることの〝コア・ドライブ〟は、**〝応援することとは、愛すること〟**だという信念です」

アロハ紳士は何も言わずジュリーの方を見た。

「はい、私も同じ意味で、**〝コーチングとは、愛すること〟**と書きました」

アロハ紳士は僕たちふたりの回答を聞き、大きな声をあげた。

「さぁ、いよいよ目標に向かって冒険の始まりだ！」

僕とジュリーは、彼のいつにない爽やかな表情を見て、ふたりで思いっきりハイタッチをした。

コーチに必要な優しさ

コーチとしてクライアントを知るために必要な〝コア・ドライブ〟を知り、ようやく、ひとつになれた僕らは、一ヶ月の間、考えぬいてきたセッションプランで、〝五次元の質問〟をアロハ紳士に投げかける気満々でいた。

しかし、いつもの通り、僕たちが思うようにトレーニングが進むことはなかった。

「今日はセッションの続きよりも、大切なことを教えよう」

僕らはセッション用のノートから、トレーニング用のノートに換え、アロハ紳士の話に集中した。

「まず〝エネルギーの源〟となる信念には、良いも悪いも、正解、不正解もない。信念となっている強い思いこみは、本人の譲れない価値観であり、その者らしさでもあるからな」

アロハ紳士は日本茶を飲みほしてから話を続けた。

「ただコーチには、〝コーチの適性〟の話の時にも説明した通り、ある程度深い定義の〝優しさ〟が問われる。今日はそのコーチに必要な〝優しさ〟について深く話をする」

僕らは、頭を切り替え、アロハ紳士の言葉に耳を傾ける。

「では、君たちが散歩をしている時、お腹を空かして恵みを求めている浮浪者がいたとしよう。ＢＢならどうする？」

「通勤路にたまにいるので、小銭を渡したりはしますね」

「ジュリーは？」

「物乞いはいつも無視しています。キリがないし……」

「よくこんな話を聞くだろう。お腹を空かせている人に魚をあげるよりも、魚の釣り方を教えてあげることの方が相手のためになる優しさだと」

「はい。コーチングの勉強をするためにたくさんビジネス書を読みましたが、その話はよく出てきました」

「ではその話を聞いてBBはどう思った?」

「いや、本当にそうだよな……と。先生からコーチングって〝**クライアントを自走させていくことを最終目的としている**〟と学んでからは、僕も魚の釣り方を教えるような、〝誰にもできるわけではない優しさ〟が持てるようになりたいとも思いました」

「ではジュリーはどうだ?」

「私の〝コア・ドライブ〟である信念は、この考え方にとても賛成です。まさに父の厳しさは、私に魚を与えないで、自分で魚が釣れる力を身につけるための厳しさだったと大人になってから気づきました」

すると、アロハ紳士は、ゆっくりと僕たちを見た。

「魚を与える優しさと、魚の釣り方を教えてあげる優しさ、そのレベルでは、コーチにはなれん」

アロハ紳士の一言に僕らは目を丸くした。

その言葉はあまりに想定外だったからだ。

「〝お腹が空いている人に魚の釣り方を教えてあげる〟ことよりも、**〝深い優しさを理解し、行動できる〟**のがプロフェッショナルのコーチの資格だ」

「それって、魚もあげない、釣り方も教えてあげないってことですか？」

「ま、そうなるな」

（……！）

「そんなっ……、それのどこが〝世界一、深い愛が試される職業〟なんですか？」

僕は自分の価値観を守る本能からか、思わず声を荒げてしまった。

アロハ紳士はそれにも何ひとつ表情を変えることはなかった。

「コーチングとは、クライアントの何を変え、目標達成をサポートする技術なのかい?」

ジュリーは即答した。

「目標に向かうベストな行動です」

「ならば、ジュリーはいまだにクライアントの行動を変えようとするセッションをしているってことかな?」

ジュリーはおでこに手を当て、うつむいた。

「〝行動を決め、行動を変えるのはクライアント自身〟ですね……。何だろう……」

「――〝**意識**〟ですか?」

僕はジュリーをフォローするため、恐る恐る口をはさんだ。

「その通りだ！」

思いがけない正解に驚きつつも、なぜアロハ紳士が、この質問をし、この答えを引きだしたのか考えた。

するとジュリーが興奮気味にまくしたてた。

「そっか、私たちの役割は、意識を変えることなのであれば、私たちがコーチとしてすべきことは、魚をあげることも、魚の釣り方を教えてあげることでもないってことで……」

この発言を聞いて僕はピンときた。

「本人が、魚の釣り方を学びたい！　と本気で思うように**〝意識が変わる関わり方をするのがコーチ〟**であり、コーチに求められる優しさってことか」

「ザッツ・ライト！」

アロハ紳士は満足げな笑みで僕を指でさすポーズをした。

「人としてお腹が空いている人に魚を差しだすのは立派な優しさだ。魚の釣り方をわざわざ教えてやるのも、人として素晴らしい。ただ、コーチはその優しさは我慢し、もっと相手のためになる、深い優しさで接する必要があるんだ」

コーチに求められる優しさに気づくことができた僕は、アロハ紳士の言葉を自分の中で反復した。

「では、ＢＢ。もしコーチがクライアントに魚をあげたり、釣り方を教えたりしたら、どんなリスクがあると思う？」

僕はすぐに閃いた。

「クライアントが、〝依存〟してしまう」

「そうだ。**〝コーチはクライアントに依存されたらおしまい〟**だ。コーチングの本質を失うことになるからな。――コーチはあくまでも、クライアントが、〝クライアントの意思と力で成長していくプロセスをサポートするのが役割〟。それだけは忘れるな」

依存されないで、クライアントに必要とされるコーチの立ち位置を、僕はまだよく理解できてはいなかったが、アロハ紳士が言いたいことはよく理解した。

僕の〝エネルギーの源〟は、下手をすれば、魚を与えることで満たされてしまう信念でもあるからだ。

するとジュリーが思いだしたように話した。

「私、父の厳しさに愛を感じることはできたけど、やっぱり、ずっと違和感があったんです。その厳しさを受け継いでいる自分に対しても……。今、その違和感の正体がわかった気がします」

ジュリーの話に、アロハ紳士は穏やかな表情で耳を傾ける。

「父は私の意識ではなく、強制的に行動を変えようとしていました。だから、私はそんな父が一時期、大嫌いになって口もきかなくなったんです。門限だって、進路だって、私の気持ちなんて全然尊重してくれなくて……。でも、父は私を男手ひとつで育ててくれていて、私を人一倍、愛してくれていたことは痛いほどわかっていたから……。だから、その厳しさも強く愛するが故なんだって自分に言い聞かせていたんだと思います」

あまり見せたことのない真剣な顔つきで話を続けるジュリー。

「けど、今、私は、その違和感にやっと気づくことができました。それは父に対する違和感というより、自分が部下や子供に対してしていることへの違和感です。なんだろうこの気持ち……」

ジュリーの青い瞳には、涙が溜まっていた。アロハ紳士は優しく微笑みながら、あえて彼女ではなく窓の方を見ていた。

「人のことは言えないけど、お父さんって不器用だったんだな……。あの厳しさが愛なんだって強く思いこんで……。今日、帰ったら説教しなきゃっ！」

僕は涙を指でぬぐうジュリーにハンカチを差しだした。

そんな彼女の涙を流す姿は、吸いこまれるほど艶やかだった。

「よし、ランチの時間だ！　ホテルの中庭のレストランに移動するぞ」

アロハ紳士はゆっくり椅子から腰を上げた。

「はい！　ごちになります！」

僕も椅子から立ち上がり大きな声で言った。

ジュリーも思いっきり伸びをして叫んだ。

「食うぞぉー！」

理解と行動の溝

このホテルの中庭の奥には、ミシュランの星を持つフレンチのレストランがある。ランチでも一生で一度、食べることができたら幸せすぎるほどの値段のお店だった。

僕もジュリーも、初めてこのレストランで食事をさせてもらった。レストランで食事をする僕らをホテルの同僚たちも羨ましそうに覗いていた。味は僕にはよくわからないほど美味なコース料理だった。

「では、食後のコーヒーを飲みながら、わしにしようと考えてきた〝五次元の質問〟を言ってみろ。わしの〝コア・ドライブ〟を引きだし、一体化したこのタイミングなら効果的に働くかもしれんぞ」

〝五次元の質問〟をするのは僕の役割と決めていたので、僕はネクタイを締めなおし、アロハ紳士の目をじっと見た。

「もし、引退しないと決めた自分が隣にいるとしたら、これから3ヶ月、コーチとしてどんな活動をすると思いますか？」

アロハ紳士は、真剣な眼差しで僕に視線を返す。

「その質問の〝意図〟は何だ？」

「〝引退すると決めつけた現実〟しか見ていない先生に、〝引退しない選択の現実〟も冷静に見てもらい、より冷静に、より客観的に〝最高の引退〟を深く考えてもらう意図です」

ジュリーが横から付けくわえた。

「あと、引退する気でいる残り3ヶ月と、引退しないと決めた3ヶ月の違いを知ることで、引退するとしても、〝悔いが残らないためにすべきこと〟が引きだせるのではないかと思いました」

僕ももうひとつ思いついたことを追加する。

「先生は、世界一のコーチですから、先生をコーチする適任者は、誰より先生自身だと思います。だから、〝引退しない先生〟が、〝引退をすると決めている先生〟に、どんな質問をしたりするのかを聞きながら引きだしていくのもよいかと思います」

アロハ紳士は、ゆっくりコーヒーを飲みながら呟いた。

「悪くない質問だ」

初めて真剣な顔で褒められた僕らは、こぶしを合わせてから、安堵のガッツポーズをした。

「どうだ、コーチングをわかったような顔をして、いきなりわしに〝最高の引退をした時の感情〟やら、〝最高の定義〟やら質問をしていた最初の頃が、もう恥ずかしいだろ?」

僕とジュリーは顔を見合わせた。

「恥ずかしいけど、そう考えると、すっごく成長してるかも！」

「だよね。質問って、**〃どんなタイミングでできるかが何より大切〃**ってことを理解できた気がします」

アロハ紳士はコーヒーを飲みほす。

「調子に乗るなよBB。わしなら3分あれば終わるところを、お前たちは3ヶ月もかかったんだ。それに、〃コーチングの一番、難しいポイント〃はこれからだ」

（コーチングの一番難しいポイント……）

アロハ紳士はチェックを頼んでから再び僕たちと向き合った。

「人の心には、〃理解と行動の溝〃がある。**〃やろうと思っていること〃**と、**〃実際にやれること〃の間に、大きく深い溝がある**ってことだ」

僕らはノートを換え、メモに備えた。

「セッションでクライアントが決めた新たな行動があったとしても、それを簡単に行動に移せるわけではない。〝人間の脳は、変化をエラーと判断する〟ものだからな」

僕は彼の新たな引きだしから次々と出される情報を、一字一句逃すまいと必死でメモをとった。

「コーチングとは、〝クライアントと継続的に関わりながら、クライアントが決めた行動を確実に、実行できるようにサポートし、その結果を検証し、また行動を決め、実行、検証する作業の繰り返し〟だ。ただ、**〝なかなか決めた行動を実行できないから、コーチをつける価値があり、そこに、コーチの腕がかかっている〟**ということだ」

隣の席のカップルの視線をまったく気にすることなく、アロハ紳士は迫力のある声で話を続けた。

「そこでだ、また来月までの宿題を発表する！」

「はい！」

ジュリーも周囲の様子などまったく気にすることなく、気合いの入りすぎた声で返事をした。

「〝理解と行動の溝を埋める方法〟はたくさんある。ネットや本で調べれば書いてあるだろうから、自分たちで勉強しろ。ただ、〝一流のプロのコーチ〟が、絶対に使いこなせなければならない〝最速で理解と行動の溝を埋める技術〟がある」

（最速で理解と行動の溝を埋める技術……？）

「〝フィードバック〟だ！」

コーチの最強の武器

五つ星ホテルで働く僕らにとって、〝フィードバック〟はよく使う言葉だ。そのこともあり、一瞬、肩透かしをくらった気になった。

「〝フィードバック〟なら私たちは現場に出る前に、必ず2人組でするようにしています。

髪型、服装の乱れのチェックや、最近では口臭のチェックも。それにマネージャーは、気になった言動を見かけたら、すぐにフィードバックをする役割も課されています」

アロハ紳士は鼻で笑う。

「たしかにフィードバックとは、**〝相手の鏡となり、本人が見えていないことを気づかせてやること〟**だ。もちろんコーチのフィードバックはそんなレベルのものではない。まさに、**〝人の意識を変えるレベルのフィードバック〟**だ」

僕は〝意識を変える〟という言葉で、彼が言いたいことを少し察した。

「魚を与えず、魚を釣る方法も教えず、本人が自ら魚を釣る方法を学ぼうとする〝意識〟を引きだすのがコーチの役割であり、コーチに求められる優しさだと言ったが、その意識を引きだす最強の武器が〝フィードバック〟だ」

(最強の武器がフィードバック……)

「君たちはコーチといえば質問力であり、最強の武器は質問だと思っていたろうがそれは違う。コーチが持つ最強の武器は〝フィードバック〟なんだよ」

ジュリーも驚いた表情でアロハ紳士の話に耳を傾けていた。


「人の意識を変える一番簡単な方法は何だ？　BB」

僕は突然のノールックククエッションに戸惑った。

「褒めること？」

「脅すこと？」

「ばかちん！　いくら褒めても、人の意識はたいして変わらん。ジュリー、何だ？」

「その通りだ。銃を向ければ誰だって本気になる。ただ、**〝コーチとは、人の意識を変えるのに銃を必要としない者〟**のことだ」

僕はこのセリフに完全に胸を撃ちぬかれてしまった。ノートに一番大きくメモをする。

「つまり、銃よりもコーチは破壊力がある武器を持っているってことだ」

「それがフィードバック……」

「〝フィードバックを制するものがコーチングを制する〟。よく覚えておけ！」

僕は、今日一番大きな文字で、ノートにしっかり書き記した。

「ちなみに、魚の釣り方を自ら学びたいと思う意識を引きだすために、どんなフィードバックが有効だと思う？」

僕らはしばらく黙って考えたがまったく答えが出てこなかった。

「先生、ヒントをください！」

ジュリーも同じことを聞きたかったと思う。

「ヒントは、〝わしにもわからない！〟だ」

「はぁ？」

意味不明すぎるヒントに、僕たちは顔を上げた。

「銃より強力なフィードバックは、〝五次元の質問〟と同じで、その者の〝コア・ドライブ〟がわからないと効果的な文言を選択できない。それに、相手も受けとることができないんだ」

ジュリーは再びメモと対峙しながら呟いた。

「たしかに、私、フィードバックをもらうのがすごく苦手。だって、お前に言われたくない！　って、どこかで思っちゃうのよね……」

「フィードバックの知られざる秘訣は、**〝もうひとりの自分に言われた感覚で伝える〟**だ」

ジュリーの手がピタリと止まる。

「そっか、たしかに〝コア・ドライブ〟を共有して、ひとつになった感覚がある人からのフィードバックなら素直に聞ける気もします」

アロハ紳士はウエイターに手を挙げながら言った。

「フィードバックをする時のポイントはいくつもある。それはネットや本にいくらでも書いてあるから読んでおけ。ただ、フィードバックをもっとも効果的に、銃より強力にする秘訣は、**〝相手の中に入りこみ、相手のもうひとりの自分の声を代弁するように伝えること〟**だ」

僕はなんとなく理解したつもりで、宿題の発表を待つことにした。

BBとジュリーの決意

「では来月までの宿題を発表する。まず、ジュリー！」

「はい！」

「君は、20人以上の人から、自分のコミュニケーションの〝のびしろ〟についてフィードバックをもらってこい」

「は、はい……」

「BBは、お前は、これまで誰かに言いたくても言えずに我慢してきたことを、10人以上にはっきりと言ってこい」

ジュリーは僕より一足早く質問をした。

「先生に対するセッションの続きは……?」

アロハ紳士は、すでに準備していたかのように答えた。

「セッションの続きは、君たちがこの宿題をクリアし、〝フィードバック力〟がついてからだ。どうだ、宿題はやれそうか?」

「はい!」

僕たちはこれまでと違うパターンの宿題に戸惑いながらも、アロハ紳士が意図していることは理解できていた。

やるしかないという気持ちだ。

「では、来月は2日連続でトレーニングをするから、2日まるまる空けておけ!」

「はい!」

そんな僕らのやりとりを、隣の席のカップルは口を開けたまま見ていた。

僕らはアロハ紳士と中庭で別れ、今月のふたりの予定合わせをベンチに座ってすることにした。

すると、ジュリーは手帳を見ながら髪を耳にかけ、小さく笑いながら言った。

「なんかふたりで毎月、シフトを合わせて、会う日を決めてるなんて、まるでカップルみたいね」

いつもの僕なら、笑いながらすぐ返答できたはずなのに、この時はすぐに言葉が出てこなかった。

そして、僕の頭の中には、涙を流すジュリーのあの時の横顔が脳裏に浮かんでいた。

そんな変化に彼女は気づくことなく、僕の肩を叩いて言った。

「私、絶対にコーチングを極めてみせる。そして、最高のマネージャーになって、最高の母親になって、最高のコーチになる！」

僕もジュリーの熱量に押されて大きな声で言った。

「僕も、必ず〝世界一、深い愛が試される職業〟で生きてみせる！」

僕らはこぶしを合わせて、今日のセッションの成功を称え合い、解散した。

ただこの時、まだ僕たちはアロハ紳士が予知していた、一ヶ月後の悲惨な状態を知る由もなかった。

BB's summary note

● プロのコーチに求められる"優しさ"であり、
"あり方"であり、"役割"とは、
お腹が減っている人に対して、
魚をあげることでも、魚の釣り方を教えることでもなく、
魚の釣り方を自ら知りたい、学びたいという"意識"を
引きだすこと。

● コーチングの一番難しいポイントとは、
「理解」と「行動」の溝を埋めることであり、
その溝を埋める、コーチの最強の武器が、
『フィードバック』である。

●『フィードバック』の真髄とは、相手の中に入りこみ、
相手のもう一人の自分の声を代弁するように伝えること。

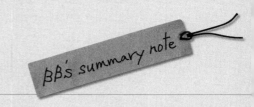

第5章
世界一のフィードバック

時を止めるフィードバック

一ヶ月後、僕らは約束した時間にアロハ紳士の部屋の前に赴いた。

ただ、今までとは違い、コーチになりきって部屋をノックする気力はなく、ジュリーが弱弱しい音で元気なくノックした。

「よう、優秀な愛弟子たち！　入れ入れ！」

アロハ紳士は、少し日焼けした顔で、おなじみのアロハシャツとジーパン姿で僕たちを迎えた。

「どうした、ふたりとも元気がないぞ！　まったくコーチの覇気を感じん」

ジュリーは立ったまま、アロハ紳士に告げた。

「すみません……、フィードバックをもらう宿題、5人にしかできませんでした……」

「あの、僕も言いたいことを4人にしか言えませんでした……」

すると、アロハ紳士は部屋の窓から外を眺めながら小声で呟いた。

「そうか……、トレーニングもここまでか……」

僕は何も言い返すことができなかった。アロハ紳士の次の発言をただ待つだけで佇んでいた。

「……明日、明日まで待ってくださぃ！　必ず宿題をクリアします！」

ジュリーが突然大きな声でアロハ紳士に訴えた。

アロハ紳士は即答する。

「無理はしなくていい。別に強制しているわけではない。金も少額だがもらっているしな」

僕も続けて言った。

「先生、ちょっと言い訳をさせてください」

「させん！」

あまりにも早い返事に言葉を失った。

「じゃ、先生、お昼までの3時間、私たちにください！　必ずやってきます」

すると、アロハ紳士は僕たちの方に振りかえり、鼻くそをほじりながらドヤ顔で言った。

「――なんてな。座れ、バカ弟子どもよ」

僕たちは何がなんだかわからずに、顔を見合わせて席についた。

「ジュリーは5人、BBは4人か……。内容によるが、まっ、上出来だろう」

「どういうことですか？　まだチャンスをもらえるんですか？」

ジュリーは不安気な顔でアロハ紳士に確認をした。

「ジュリー、今になってそんなに必死になるぐらいなら、なぜ20人からフィードバックをもらってこなかったんだ？」

ジュリーはしばらく下を向いた後にゆっくり口を開いた。

「上司1名と、父と、BBからはもらえたんですが……、あと今関わっている人は、部下しかいなくて……。けど、信頼している部下ふたりだけには勇気を出して聞いてみたんです。けど、ひとりの部下には『そんなこと言えません』と言われ……。もうひとりの部下には『いや、今のままで十分、素晴らしいと思います』しか返ってこなかったんです」

アロハ紳士は冷蔵庫から高級そうなトマトジュースを3本持ってきて、ジュリーの前に置いた。

「なぜ、残りの部下たちには聞かなかった？」

「いや……、ふたりの部下に聞いてみて、聞いても無駄だと思ったのと、ひとりの部下から、他の部下に聞くのはやめた方がいいと言われ……」

「その部下のせいにするわけだな」

ジュリーは許可なく高級そうなトマトジュースを手にとり、おもむろに飲みはじめた。

「いえ、自分でもよくわからないほど、他の部下に聞くことに強烈な抵抗感を覚えたんです……」

アロハ紳士も高級そうなトマトジュースを手にとり、僕を見て顎で「お前も飲め」と言った。

「ジュリー、〝マネージャーは部下に対して、どうあるべき〟だと思っている？」

ジュリーはトマトジュースをがぶがぶ飲んだ後、はっきりした口調で言った。

「〝威厳がなければならない！〟って思っています」

すると、アロハ紳士は穏やかな表情でサラリと言った。

「〝コア・ドライブ〟を必死で守ったわけだな」

意味の分からない言葉に、ジュリーは頭の上に大きなはてなマークを浮かべて彼を見ていた。

「君は、父親から逃げたことはあっても、父に本気で反論したり、本音をぶつけたことはあったかい？」

ジュリーは見たことのない困惑した表情で首を横に振った。

「だから、君も部下には言わせない、言わせてはいけない、と強く思いこんでいるんだ」

ジュリーはまばたきも忘れ、しばらく固まっていた。

「君は、〝**父にできなかったことを自分も部下にさせないことで、父に何も言えなかった自分を必死で正当化している**〟のかもしれない」

この瞬間、明らかに時が止まった。

隣にいた僕の時まで、アロハ紳士の言葉が止めた。

BBを撃ちぬいた言葉

何秒後だったかはよくわからないが、次のアロハ紳士の一言でまた時が動きだした。

「これが〝フィードバック〟だ」

ジュリーも僕も、アロハ紳士の銃より強力なフィードバックに完全に心臓を撃ちぬかれていた。

しばらくしてジュリーはゆっくり口を開いた。

「コーチって、何？　何者なの？　なんだか、痛くも痒くもなく殺された感じ……。そして、今、なんか、生まれ変わった気さえもする……」

アロハ紳士はトマトジュースを飲みほして言った。

「これが〝**世界一のフィードバック**〟だ」

僕は彼の一言に痺れながらも、次は自分が撃ちぬかれる番だと気づき、音をたてて、唾を飲んだ。

「どうだ？　うまいだろ、このトマトジュース！　1本、2000コルナ（約1万円）もするんだ。残さず飲んで、その疲れきった冴えない顔をなんとかしろ！」

僕は手元のボトルを眺めながら、一口いくらなのか、無意識に考えてしまっていた。

「ではBB！　次は貴様だ。4人には言いたいことを言ってきたんだな。その中で一番勇気が要ったフィードバックを話せ」

呼吸を整えてから、ひとりを頭の中に浮かべ、僕は話を始めた。

「ずっと注意しようと思っていた、仕事がいい加減な同僚がいまして、その同僚に、『テーブルにあんなにホコリが溜まっていたら、お客様は不快に感じると思うよ』と……」

アロハ紳士は驚くほど興味なさそうな顔で鼻くそをほじっていた。

「ではＢＢ、本当は一番、言いたいやつに、ずっと言えずにいることは何だ？」

僕はしばらく考えたふりをして小さな声で言った。

「ルームキーパーの責任者のトムに、『僕のことをアルバイトって呼ぶのはやめろ！』と言いたいです」

「なるほど……、本当はもっと言ってやりたいことがあるだろう？　何だ？」

僕はトムの顔を思いだして、少し感情的に言った。

「『みんなお前のことが大嫌いなのに、我慢して笑顔で従ってるんだ、バカ野郎！　お前さえいなければみんなもっと笑顔で楽しく働けんだ、このクソじじい』」

アロハ紳士とジュリーは目を丸くして、少し後ろにのけぞっていた。

「よし、ではBB、そいつにそのまま言ってこい！」

「そんなこと言えるわけがないでしょ！　すぐクビですよ！　あの人、気に入らない部下はすぐクビにするし、アルバイトの僕なんて一瞬です」

「なら、コーチは諦めろ！」

「そんな……」

「では、その思いを、言葉を変えて伝えてこい！　それが明日までにできたら、トレーニングを続けてやる」

「言葉を変えたって、僕はクビになりますよ」

「クビ、クビ、クビって、お前は自分のことばかりだな。そのクソじじぃの言動で、悲しみ、寂しい顔をする同僚を見てなんとも思わないのか？　クビを切られたやつだっているんだろう？　誰かが言わないと、同僚も、そのクソじじぃも、みんなが不幸のままだ」

僕は髪をくしゃくしゃにしながら頭を抱える。

「ジュリー、BBの信念である〝コア・ドライブ〟を言ってみろ！」

「〝人の悲しむ顔や、寂しい顔を見るのが人一倍嫌で、それをなんとかしたいという強い思い〟……」

「そりゃおかしいな！」

アロハ紳士は一瞬目を輝せる。

その数秒後——僕は彼が放った言葉に完全に撃ちぬかれ、死んだ。

「お前さんの信念は、ひょっとして**〝人の〟よりも、〝自分の〟悲しむ顔や、寂しい顔を見るのが人一倍嫌で、それをなんとかしたくて必死で生きているんじゃないのか**」

静かなる覚悟

「BB、大丈夫？」

気がつくと、僕とジュリーは、ホテルから徒歩で10分ほど離れた公園のベンチに座っていた。

「すごかったわね……、〝世界一のフィードバック〟……」

僕はジュリーが手渡してくれたアボカドと卵のサンドイッチを両手で持ち、果てしなく遠くに感じる雲ひとつない空を眺めていた。

「ジュリー、僕の〝コア・ドライブ〟は偽物だったってことかな……」

ジュリーは小さな口を大きく開けてサンドイッチを食べながら言った。

「先生の言ったこと聞いてなかったの？ **〝エネルギーの源である信念は、時に、良い面も、悪い面もある〟**ってこと。その悪い面もしっかり受け入れて初めて、本物の〝コア・ドライブ〟という信念となり、自分を支え、背中を押してくれるものになるって言っていたよ」

僕はフィードバックで撃ちぬかれてから、何ひとつメモをとっていなかったことに気づき、サンドイッチを二口で口の中に詰めこみ、ノートを取りだした。

「BB、そのサンドイッチ、ひとつ、１０００コルナ（約５０００円）だってよ」

僕は一瞬、口から取りだして食べなおそうかと思ったが、なんとか踏みとどまった。

「で、明日もトレーニングだよね？　宿題は？」

ジュリーは僕にノートを手渡した。

「私は、部下5人からフィードバックをもらうこと。BBは、トムに言いたいことを言ってくること」

僕は静かにメモをとりながら言葉を漏らした。

「いろんな意味で〝覚悟を決めろ〟ってことだね……」

「うん……」

僕たちは肌寒い青空の下でしばらくノートを静かに見直していた。

「きっと心のどこかでわかっていたことだったんだよね……」

ジュリーは僕も感じていたことを呟いた。

「まさに先生は私たちの中に深く入りこんで、もうひとりの私たちの声を代弁したのね……」

僕らは本当の意味で〝自分と向き合うとはどういうことなのか〟を痛すぎるほど痛感し

ていた。

僕とジュリーはしばらくの間、一言も発することなく、何とも表せない感情を抱きながら空を眺めていた。

〝コーチングができる〟と〝コーチで稼ぐ〟

翌日、僕らの集合場所はホテルの部屋ではなく、朝7時にホテルのエントランスということだった。そして、コーチになりきったスーツではなく、ラフな格好で来るようにとのことだった。


「アロハ！　ジュリー。私服姿もかわいいぞ。BBはどうした？」

「おはようございます。それが、まだ来てないんですよ……。いつもなら15分前には来てるのに……、携帯も通じなくて」

「なんだ、あいつ、本当に死んでしまったか？」

「あっ、来ました！　ＢＢ！　はやく……」

その日、僕は５分遅れて集合場所のロビーに着いた。

「なに？　その段ボールの荷物？　それに、顔、赤いの、たくさん付いてるよ」

「おはよう、ジュリー！　おはよう、先生！　待たせたね！」

ジュリーとアロハ紳士は目を丸めて顔を見合わせていた。

「今日、僕は生まれ変わったんだ。もう僕は〝アルバイトのＢＢ〟じゃない。プロコーチのＢＢだ。よろしく！」

「まさか、ＢＢ！」

「あぁ、言ってやったよ。あいつに、〝あのまんま〟言ってやったよ！」

「〝あのまんま〟って、え？　で、クビになったたってこと？」

「あぁ、そうさ、あんなやつの下で働くのなんて、こっちから願い下げだ」

ジュリーもアロハ紳士も口が開いたまま立ちすくんでいた。

「ＢＢ！　ちょっと待ってて。私がトムに言ってくるから。クビは取り消させるから！」

僕は、笑いながら言った。

「ジュリーくん。もう僕の上司顔するのはやめたまえ。君と僕は今日からはプロコーチ仲間だ」

すると、アロハ紳士が大笑いしながら言った。

「よし、愛弟子たちよ、車に乗れ！　出発だ！」

僕たちは目的地も知らないまま、アロハ紳士のロールスロイスに乗りこんだ。


「ＢＢ、お前、目が放心状態だぞ！」

アロハ紳士はいつになく楽しそうな声で言った。

「ちょっと、ＢＢ、なんであのまま言ったのよ！　先生は、表現を変えて、うまく言えって言ったじゃない」

「もういいんだ……、もういいんだよ……」

「急に凹まないでよ！　それに、顔の赤みは何？　殴られたの？」

「いや、僕がちょうどあいつに思いっきり言ってやった時に出勤してきたジニーとサラが、荷物を詰めるのを手伝ってくれて、最後に僕の顔に何度も何度もキスを……」

アロハ紳士は大笑いだ。

「同僚の笑顔のためによくやったじゃないか！　どうやらお前の〝コア・ドライブ〟は本物だったらしいな！」

「ちょっと、先生、茶化しすぎ！　ＢＢにとっては生活がかかっている死活問題なんだから！　もう貯金もないし、どうするのよ！」

ジュリーの怒りに彼は楽しそうな声のまま言った。

「ちなみにジュリーはどんなフィードバックをもらってきたんだ？」

「言うの？　むかつくフィードバックばかりで思いだしたくないんですけど……」

「じゃ、意外だったフィードバックをふたつ言え」

するとジュリーはノートを取りだして読みはじめた。

「〝厳しすぎる〟以外のフィードバックね……。〝言い訳はいい。黙ってやりなさい！〟が口癖〟ってのと、あっ、〝ルームキーパーのBBにだけ優しい〟って声もあったわ……」

「ほぉ、貴重なフィードバックじゃないか！」

ジュリーはノートをさっさとしまって、大きく深呼吸をする。

アロハ紳士はそんなジュリーに視線を投げかけた。

「今日は、これから愛弟子たちに、〝ビジネスの生きるレジェンド〟を紹介してやる！もうコーチングのやり方は十分に教えた。あとは、自分たちで学び、実践から自分なりのやり方を確立していくしかない！」

「えっ、もう終わりですか？」

「なんだBB、生きてたのか？」

「まだ私たち、先生の目標達成をまともにサポートできていないけど……」

アロハ紳士は少し真面目な顔に戻り、はっきりした声で言った。

「〝コーチングができるようになる〟と〝コーチとして稼げるようになる〟では、別の筋肉を使う。残りの2ヶ月は、コーチとして稼げるようになるための〝ビジネスの考え方〟を君たちに叩きこむぞ。BBも無職になってしまったしな」

僕とジュリーは頭を整理できないまま、とりあえずうなずいた。

車から外の景色を見ると、そこは空港だった。

「よし降りろ！　これからプライベートジェットでバージニア諸島に行く！」

僕たちは想定外すぎるトレーニング場所に、驚きと興奮を覚えていた。

コーチとコンサルタントの決定的な違い

「うわぁ、すごーい、初めて乗ったわ、プライベートジェット！　想像してたより広くて快適！」

プライベートジェットに足を踏みいれるなり、興奮したようにジュリーは歓声を上げた。

僕は映画の世界でしか見たことがない空間にいる自分のほっぺを無意識につまんでいた。

「無職の青年がプライベートジェットに乗っているなんて、世界初じゃないか？」

アロハ紳士のからかいに、ジュリーは僕の肩に触れながらにっこり微笑む。

「バージニア諸島には1時間半で着く。その間は、自由に休んでおけ！」

僕はプライベートジェットの美しいキャビンアテンダントが持ってきてくれたおしぼりで手をふきながら尋ねた。

「先生、〝ビジネスの生きるレジェンド〟っていったい？」

「君たちもきっと知っている人物だ。あいつは生粋の目立ちたがり屋だからな」

アロハ紳士は、椅子に深く腰掛け、赤ワインを片手に言った。

「コーチは、〝ビジネスコーチ〟と名乗ろうが、〝キャリアコーチ〟と名乗ろうが、〝ライフコーチ〟と名乗ろうが本人の自由だ」

「先生は、〝ビジネスコーチ〟ってパーティーでは紹介されていましたね」

「わしは、経営者やアスリート、俳優、政治家を相手にしてきたが、結局、クライアントの目標にはビジネスが深く関わるため〝ビジネスコーチ〟と言われてきた」

「そっか、コーチって言っても、誰を主なクライアントにするかで名乗り方も変わるんですね……」

「〝人生の路頭に迷わないことを目的とするコーチング〟ならキャリアコーチでもライフコーチでもいい。ただ、コーチはコーチだ。スポーツの指導するコーチとは、少し異なるが、大切なコーチの〝あり方〟〝やり方〟そして、〝稼ぎ方〟の基本は何も変わらん」

（僕はどんな人にコーチングしていけるのだろうか……）

少し不安になりながら僕は頭を抱えた。

「コーチはアドバイスはしない。だから、無職のＢＢでも、アメリカの大統領や、世界的有力企業の経営者にだってコーチングはできる」

「けど、話が理解できないということはないのでしょうか……」

僕の問いに、アロハ紳士は赤ワインを空にしてから答えた。

「もちろん、最低限のビジネスの勉強は必要だ。クライアントの業界について、できる限り勉強しておく必要はある。ただ、結局、コーチがすることは、**〝クライアントがより良**

い状態になることをサポートすること〟だ」

（クライアントをより良い状態に……）

僕はノートを取りだした。

「BB、〝人の成長を止める悩み〟の9割以上は何だと思う？」

「お金……」

「それはニートのお前だけだ！」

「〝人間関係〟ね！」

「そう人間関係だ。クライアントが目標に向かっていくために〝重要な関係者たち〟との人間関係がより良く改善されていけば、クライアントのパフォーマンスは確実に格段と高まり、目標に向かう行動も、本人の成長もどんどん加速していく」

「なるほど、私たちコーチは、コンサルタントとは違い、クライアントが抱えるビジネスの難しい問題を解決するのが役割ではありませんからね」

「そうだ、**〝コーチはクライアントの問題に入りこんではいけない〟**。クライアントはいつだって問題を抱えている。だから、クライアントがその問題と、〝今、どう関わることがベスト〟で、より早く確実に目標に近づけるのかをコーチングし、問題を抱えるクライアントの状態をより良くしていくことだけにフォーカスすればいいんだ」

僕は半分だけ意味を理解したつもりでメモをしながら確認がてら言った。

アロハ紳士は、おかわりした赤ワインを飲みながらいつもより饒舌に語った。

「コンサルタントは問題にフォーカスするが、コーチは常に〝人〟にフォーカスすることが大切だ。その者の〝コア・ドライブ〟と、その者の〝大切な人との人間関係〟を軸にコーチングすればいい。だからクライアントの仕事の複雑な知識などは知らんでもできるってことだ」

僕は注文したスプライトをいっきに飲んで言った。

「僕みたいなルームキーパーしか経験のないアルバイトが、いったい誰のコーチングができるんだろう……とずっと思っていたので、なんだか大きな〝心のおもり〟がひとつ外れた気持ちになりました」

「元アルバイトだろ！」

アロハ紳士は気持ち良さそうな顔で笑う。

「まぁその分、**〝コーチは人の心を深く理解し、これまでトレーニングでやってきた高度なコミュニケーション能力が問われる〟**ってことだ。その難しさや凄さはもう十分理解できただろう」

僕とジュリーはメモをとりながら深々と何度もうなずいていた。

気づくと早くもプライベートジェットは着陸態勢に入っていた。

ミスターリッチの教え

着陸してプライベートジェットから降りると、停車していた大きなジープの前に、アロハ紳士と同い歳ほどの白髪の男性が立って手を振っていた。

「よう、フェグダ！　私の恩人であり、大親友よ！」

アロハ紳士とその白髪の男性は思いっきりハグをした。

「紹介しよう！　わしの心の友である、ミスターリッチだ」

するとジュリーが興奮気味に言った。

「うそ、本物だ……。あのミスターリッチですよね！　私、大ファンなんです！　SNSも毎日見てます！」

白髪の男性は、ジュリーに挨拶にしては深くて長いハグから、頬に右から左とキスをした。

「君たちが〝目標達成の神様〟に選ばれし噂の後継者か！」

僕はアロハ紳士とは少しタイプの違う、優しく包みこむような強烈なオーラに圧倒され、大きな声で挨拶をした。

「BBと言います。本日はよろしくお願いします」

すると、彼は僕の目を奥までのぞくように見つめた。

「なるほど……。BBか、よろしく頼むよ」

僕の腰に手を回し、ミスターリッチは、大きな声で叫ぶ。

「さぁ、みんな出発だ！　うちのスタッフがＢＢＱの準備をして待っているからな」

僕らは屋根のないジープに乗り、エメラルドグリーンに輝く海を縁どるビーチに到着した。僕は車の中で、ミスターリッチがやっとあの世界的に有名な社長だということを知り、緊張で呼吸が荒くなっていた。

僕らは、貸し切り状態の海をバックに、次々とコップにつがれるビールを飲み、お皿にのせられる大胆に焼かれた柔らかいお肉を残すまいとガツガツ頬張った。

ジュリーは真っ赤な顔で僕よりももぐもぐおいしそうに食べていた。

そんな僕らをアロハ紳士とミスターリッチは少し離れた所から面白そうに眺めながらビールを飲み、しみじみと語り合っているようだった。

お肉がお皿の上にのる勢いが落ちついたタイミングで、ミスターリッチが僕らに話しかける。

「たくさん食べたかい？」

「はい、もう動けないほどいただきました」

僕は口を紙布巾でぬぐいながら言った。

「私、もう一週間は何も食べられない……」

ジュリーは少し酔払っているふうに見えた。すると、ビール片手にアロハ紳士が言った。

「よし、お前たち、これからミスターリッチにビジネスについてご指導をいただくぞ。こんな贅沢はない、遠慮なく質問をしろ」

僕たちは慌てて鞄からノートを取りだし、隣に置いてあった水をコップに入れた。

「よせよせ、そんな堅苦しいお勉強会なんて御免だぞ！」

ミスターリッチは笑いながら僕たちにビールを差しだした。

「諸君、わしはこのミスターリッチほど、ビジネスを楽しみながら、結果を出している経営者を知らん。彼は長年、自分がやりたい事業を趣味のようにやり、多くを成功させてきた。今では50社以上の事業を手掛けるスーパー経営者だ」

ミスターリッチは横から言った。

「それは、君たちの師匠であるコーチのおかげだ。彼は、何度も私のピンチを救ってくれた。2年前の経済危機で倒産しかけた時も、彼が私の〝コア・ドライブ〟を軸に、私の暴走を止め、最高の決断を引きだしてくれたおかげだ。本当に助かったよ……」

アロハ紳士はミスターリッチに背中をさすられていた。

「彼の経営者としての〝コア・ドライブ〟は**〝ビジネスは遊びのようにとことん楽しむこと〟**だ。この彼の信念は、君たちもこれからコーチとして起業するならぜひ、見習ってほしい。モノも情報も溢れている今の時代は特に、〝ビジネスは人の心を掴めなければならない〟。**人の心を掴むには、〝遊び心〟は不可欠**だと私は思っている」

ミスターリッチは、ビールを飲みながら優しい口調で語りだした。

「〝遊び心〟は、人に記憶してもらえる〝ビジネスインパクト〟になる。例えば、私はいつも苦痛でしかなかった飛行機に乗る移動時間が嫌で、自ら航空会社をつくった。そして、その飛行機の中に、〝立ち飲みバー〟を設置したんだ」

「知ってる！　私乗ったことあるから！」

ジュリーは目を輝かせた。すると、アロハ紳士が笑いながら言った。

「しかも、こいつときたら、飛行機の広告代がないからどうするかセッションをしていた時、〝よし、俺が派手に女装してキャビンアテンダントになって、話題を振りまいてやる〟って決めてな。本当に派手にやったんだ。そしたら、こぞってメディアが取りあげて、広告は大成功したんだ」

アロハ紳士とミスターリッチはふたりで大笑いしながらハイタッチをした。

そして、アロハ紳士は僕とジュリーに顔を向けた。

「もちろん、ビジネスは人様からお金をいただく以上、真剣に取りくまなければならない。ただ〝遊び心〟はビジネスでとても大切なことだ」

ミスターリッチは僕らの目を見て聞いた。

「〝遊び心〟がビジネスで大切な最大の理由は何だと思う？」

僕は、人の心を掴む〝ビジネスインパクト〟以外の理由を考えてみたが、まったく浮かばなかった。

「それはね〝**楽しまなければ、人のパフォーマンスは上がらない**〟ってことだ」

僕とジュリーは深々と何度もうなずきながらメモをとった。

「笑顔って連鎖するだろ？　最高の笑顔でつくったサービスは、やっぱり人を最高の笑顔にすることができる」

アロハ紳士は、ミスターリッチのその教えを受け、僕らに補足した。

「彼の言う笑顔とは、ホテルマンのように顔だけ笑っていればいいという表情のことではない。〝わくわく〟しているかだ。人に連鎖するのは感情だ。**真顔であっても〝わくわく〟していれば、その感情が人に連鎖するんだよ**」

ミスターリッチはうなずきながら、アロハ紳士にビールで乾杯するジェスチャーをした。

「今日、わしがふたりにミスターリッチを紹介した最大の理由は、彼ほど〝パーソナルブランディング〟の達人はいないからだ」

(パーソナルブランディング……)

「これから君たちはコーチとして集客をがんばらないといけない。コーチという職業は目に見えるサービスも商品もない。すわなち、〝自分を売らなければならない〟んだ」

すると、突然、ミスターリッチが大きな声でスタッフたちに呼びかけた。

「おーい、みんなもここに座れ！　これから〝目標達成の神様〟がパーソナルブランディングについてコーチングをするぞ！」

アロハ紳士は笑いながらスタッフが集まるのを待った。

唯一無二のパーソナルブランディング

「うちの社員も〝パーソナルブランディング〟を強化するように指導しているんだ。会社の看板ではなく、自分の看板も持てとね。ぜひ、みんなにも聞かせてやってくれ」

1分もたたないうちに、僕らは15名ほどの円に囲まれていた。

「これからの時代、企業のブランドだけでは勝ち残れない。個のブランド、すなわちパーソナルブランドが、起業家であれ、組織人であれ、重要視される時代だ」

ミスターリッチが言う。

「うちの会社はもう求人広告なんて出したことがない。ここにいるみんなも私のSNSや本を読んで会いに来てくれたメンバーたちだ」

アロハ紳士は周りのスタッフの顔を見ながら語る。

「ミスターリッチはSNSや本で、自分が日頃考えていることや活動を、自ら発信することで、こんなにもエネルギッシュな素晴らしい仲間を集めることに成功している。すなわち、**〝自分で自分をうまく売っている〟**ってことだ」

するとジュリーが言った。

「わかる！　私もミスターリッチが毎日楽しそうな笑顔で、ユーモアに活動している写真をSNSで見る度に、〝いいな……〟。こんな人と共に働いている人たちもいいな……〟って思っていたから」

ミスターリッチはうれしそうに、ジュリーにウインクをした。

アロハ紳士は僕に視線を向ける。

「ではＢＢ、〝自分を売る〟とはどういうことだと思う？」

「えっ……、うーん……〝必要とされる〟ってことでしょうか？」

「そうだ。**興味を持ってもらい、この人に会いたい、この人と関わりたい、この人と働いてみたいという〝感情〟を人に与える**ってことだ」

するとジュリーは酔いがさめた声で言った。

「けど、それってミスターリッチのような実績や強烈なキャラクターがないと難しいですよね……」

「そうだな。彼ほどのパーソナルブランディングを確立するには、当然、時間も才能も必要だ。そして、彼が唯一無二のパーソナルブランディングを確立できている理由も、さっき彼が教えてくれた〝遊び心〟だ」

彼の言葉に、ミスターリッチは続いた。

「私が真面目なことを書いても人は喜ばないし、逆に熱があるんじゃないかって心配されるしね。ＳＮＳは、もはや私の趣味であり、遊び道具だよ」

周りのスタッフたちが笑う中、ジュリーが言った。

「けど、そんなサービス精神満載のミスターリッチが、たまに真面目な記事を書くから、多くの人の心に大切なメッセージが届くのよね」

アロハ紳士はジュリーを指さす。

「その通り！　彼はそのギャップで人の心をうまく掴む達人だ。では、〝どうしたら、実績もない君たちが、人に必要とされるほどの感情を与えることができるのだろうか？〟せっかくだから、みんな、三人組になって考えてみてくれ」

僕たちは簡単に自己紹介をし、波の音をＢＧＭにしばらく語り合った。

「では、そろそろどんな意見が出たか聞いてみようか」

すると、スタッフたちが積極的に自分たちの意見を発言しだした。

「誰かに、できることを、絞りこむこと」

この発言を聞いたアロハ紳士はみんなの意見を聞くのを止め、話しはじめた。

「パーソナルブランディングのポイントは、自分が、〝誰のために、何ができるのか〟を、より具体的に絞りこんで明確にすることだ」

僕らは慌ててノートに書きとめた。

「なぜ、絞りこむ必要があるのだと思う？」

スタッフたちは我こそはと発言をした。

「ライバルを少なくするため」

「ライバルがいない専門性を持つため」

「記憶してもらいやすくするため」

アロハ紳士は、どれも正解というジェスチャーをしていた。

「一番の鍵は、**〝あっ、この人こそ、今の私に必要な人だ〟という〝感情〟を持たせやす**

くするためだ」

僕も周りのみんなも深々とうなずきながらアロハ紳士の話に集中していた。

「『私は、50名規模のＩＴ企業のために、業務効率化システムを提供できるエンジニアです』、『私は、アパレル企業でのキャリアが3年以上ある人のために、最適な転職をサポートできる転職アドバイザーです』、『私は、年収５０００万以上ある方に、最適な資産運用を提案できるファンドマネージャーです』みたいな感じまで絞れていたのなら、ピンポイントで〝あっ、この人こそ今私が探していた人だ！〟って感情が沸きやすいってことだ」

すると、ひとりのスタッフがこんな質問をした。

「だけど、絞れば絞るほど、お客さんが減り、なかなか申し込みも来ない気がしますが……」

アロハ紳士は〝待ってました〟とばかりの表情になった。

「どんなに絞りこんでも、市場は必ず十分に存在する。それがビジネスだ！」

アロハ紳士のパーソナルブランディングの講義を終えた僕らは、プライベートジェットの出発時間まで、みんなでビーチバレーをして遊んだ。

すると、僕が休んでいたベンチの隣にミスターリッチが腰を掛けた。

「私はフェグダとは長い付き合いだが、あんなにうれしそうで、いきいきした顔を見たのは初めてだ。それもこれも、君とジュリーと出会えたからだろう。彼のためにも、彼に負けない立派なコーチになってくれよ、ＢＢ」

「はい……。でも……、本当に、なんで僕なんかに、こんなに良くしてくれるのか……」

ミスターリッチは海を見ながら優しく微笑んだ。

「きっと、同じ目をしていたからだよ。ＢＢの目は昔のフェグダの目にそっくりだ」

ジュリーがアロハ紳士の手を引っぱって、こっちに来るのが見えた。

「ねぇ、ミスターリッチ！　一緒に写真撮って！」

「よし、〝目標達成の神様と、その選ばれし後継者たち〟って書いてアップするか！」

僕たちは、表情が硬いアロハ紳士を必死で笑わせながら、4人で何枚も写真を撮った。

そんな夢のような時間はあっという間に過ぎていった。

「ジュリー、BB、またいつでも会いに来なさい。フェグダが君たちをここに連れてきたのは、何もあんなビジネスの話が目的だったわけではない。〝私をいつでも頼れ〟ってことだ」

「うれしすぎます！　あとで写真、送りますね！」

「SNSでぜひアップさせてもらうよ！」

「ミスターリッチ、本当に、貴重な夢のような時間をありがとうございました」

「なに、退職祝いだ！」

僕はその瞬間、自分が今日、ホテルをクビになったことを思いだし、一瞬、現実に戻った。

すると、スタッフたちから質問攻めに合っていたアロハ紳士が遅れてやってきた。

「あ、ちなみに、君たちのホテルのオーナーは彼だぞ！」

「えええええっ！」

僕とジュリーは自分でも驚くほど大きな声で目の玉を飛びださせた。

「運営はすべて任せているが、まだ大株主は私だ。なんなら、ＢＢをクビした彼をクビにしてやってもいいぞ」

アロハ紳士は笑いながら言った。

「ちなみに、ホテルの部屋の悪趣味な人形は、彼の笑えない〝遊び心〟だよ」

「あの人形、髪が伸びるんだぜ！」

ミスターリッチは僕の肩を叩いて大笑いしてした。

僕とジュリーは言葉も出ない状態でその場に立ちすくんでいた。

「リッチ、今日はありがとう。こいつらに、わしの威厳を見せつけることができてよかった！」

「こちらこそ、うちのスタッフに丁寧に対応してくれてありがとう。お前が、俺を見捨てて勝手に引退したとしても、俺はいつまでも頼らせてもらうぞ」

ふたりは思いっきりハグをして、しばらく動かなかった。

僕は、その背中から**〝これがコーチとクライアントの絆だ。覚えておけ！〟**というアロハ紳士の声が聞こえた気がした。

世界一のコーチの定義

帰りのプライベートジェットで、僕らはさっそくパーソナルブランディングについて振りかえっていた。

アロハ紳士は、行きと同様、赤ワインのグラスを傾けながら言った。

「わしは、コーチとして起業してから3年間は、毎日、証券マンの友人とエグゼクティブリストに電話をし、アポを取り、共に訪問したり、その証券マンから紹介してもらったりして、顧客を増やしたもんだ。3年後は、完全紹介制にして、口コミだけでコーチとして活躍できるようになったがな」

「そっか、先生はもともとエグゼクティブを対象にコーチになったんですね」

「わしがコーチとして起業した動機は、惚れた女を誰よりも応援できるようになりたい、世界一稼ぐ、成功したコーチになって彼女に振りむいてもらいたい、という気持ちだったからな……」

「けど、その思いが先生の〝コア・ドライブ〟になって、本当に〝世界一のコーチ〟になったわけなんですよね」

ジュリーが言った。

「先生が〝世界一のコーチ〟と言われている理由は、稼ぎではなく、信頼だってミスターリッチが言ってたわ。フェグダコーチより信頼できるコーチは世界中にいないって」

アロハ紳士は、気持ちよさそうな顔で口をはさんだ。

「ちなみに、ミスターリッチの元奥さんは、あのキャンディだよ」

「ええええええっ！」

僕らはプライベートジェットが揺れるほど大きな声で叫んだ。

「ま、その話はさて置き、来月までの君たちの宿題は、〝自分のパーソナルブランディングについてしっかり考えてくること〟だ。お互いコーチングし合い、**〝自分が誰のために、何ができるコーチとして活動していきたいのか〟**をしっかり考えてきなさい」

開いた口をふさぐことができずにいたが、僕らは慌ててスケジュールに書きとめた。

「〝超一流のエグゼクティブしか申しこめない、絶対に目標を達成させる、知る人ぞ知る目標達成の神様〟。今、わしは自然と、このように世間にはブランディングされている。これはこれで笑えるが、悪くはないブランディングだ」

僕は、アロハ紳士のパーソナルブランディングを大きくノートに書きながら、僕もいつか自然と世間からブランディングされるほどのコーチになりたいと強く思った。

すると、メモを終えたジュリーが笑顔で僕たちに携帯を見せた。

「ねぇ見て見て！　すごくよく撮れてる！」

写真には、美しく輝く海をバックに、とても幸せそうに笑う僕たち4人が写っていた。

「これからミスターリッチに送るね！　彼がSNSにアップしてくれたら私たち、世界中の人たちに顔知られちゃう。もう、どうしましょう。明日からサングラスとマスクして歩かないとぉ」

ジュリーはまだ少しアルコールに侵されているようだった。

「あっ、BB！　このタイミングでミスターリッチに、あなたがホテルに戻れるように頼むわね！」

「……いや、いいんだ」

ジュリーはとても驚いた顔で僕を見た。

「ちょうど、いいタイミングだったんだ。僕はもう完全にコーチとして生きていくよ」

僕は、半ば自然と溢れでた言葉をそのまま口にした。

向かいの席に深々と座るアロハ紳士が今にも眠そうな穏やかな笑みで、僕を見ているのがわかった。

「じゃあ、写真とお礼だけ送信するね！」

ジュリーは送信してから、自分の携帯の待ち受け画面をその写真に変えて、ずっと眺めていた。


僕はいったい、コーチとして、どんな人に、貢献していきたいのだろう？

僕がコーチになって、どんな人を笑顔にできたら、天国のお母さんとお父さんは喜んでくれるだろうか。

僕はそんなことを考えながら、夕日が沈んでいくのを雲の上から眺めていた。

BB's summary note

- コーチがすることは、
クライアントがより良い状態になることをサポートすること。
コーチはコンサルタントとは違い、
クライアントの問題の中に入りこんではいけない。
コーチは常に"人"そして"人間関係"にフォーカスし、
目標達成を目指す。

- ビジネスをする上で大切なことは、人の心を掴む、
ビジネスインパクトとなる"遊び心"を持つこと。
"遊び心"を大切にし、ビジネスを
自分がとことん楽しむことが何より大切。

- パーソナルブランディングのポイントは、
自分が、"誰のために、何ができる人なのか"を明確にし、
人が「あっ、今、まさに私のために必要な人だ」
という感情が湧くほど具体的に表現すること。

- どんなに絞りこんでも、市場は必ず十分に存在する。

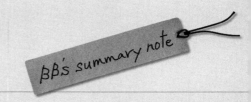

第6章 ビジネスで一番大切なこと

BBとジュリーの最大の強み

一ヶ月後、僕らは約束の時間にアロハ紳士の部屋のドアをノックした。

「来たか、愛弟子たちよ。入れ入れ。ニートも入れ」

アロハ紳士はいつもの安定感のあるノリで僕らを迎えいれてくれた。

こんな瞬間も来月が最後だ。そう思うと、いつもの緊張感に切ない気持ちがブレンドされる。

「今日で、お前たちとのトレーニングも5ヶ月だな。時はあっという間だ……」

僕とジュリーはさっき待ち合わせ場で同じことを話していたことを伝え、テーブルの席に着いた。

「先生、今日は私から差し入れのドリンクがあるの」

ジュリーは鞄の中からポットを取りだし、僕にカップを3つキッチンから持ってくるように頼んだ。

「今日はジュリー特製チャイを作ってきました。最高においしいから飲んで！」

注がれたチャイのカップを回しながら、アロハ紳士はじっくり香りを楽しんでいる。

「これは、うまいな……。インドで飲むチャイよりうまい……」

「先生はインドにも行くことがあるんですか？」

「ここ数年は、インドには頻繁に行ってるぞ。インド人は、本当にハングリーで賢くて優秀だ。ただ、まだインドの女性は抱いていないな……」

僕は余計なことまで話すアロハ紳士をスルーして、本題に入った。

腰を上げ、アロハ紳士に挨拶をするように名刺を差しだす。

「先生、僕、もうコーチの名刺を作ったんです。ぜひ、見てください」


『キッズコーチングスクール　代表　バル・バッジオ』


アロハ紳士はしばらく真剣な眼差しで名刺を見いっていた。

「——君は、誰のために、何ができるコーチなのかね？」

「僕は、子供たちに、世界一、コーチングをわかりやすく伝えることができる、コーチです」

アロハ紳士は、僕をじっと見つめてから、微笑んで言った。

「どんな思いから、この考えに至ったんだ？」

僕はひとまず椅子に腰を据えた。

「ジュリーにコーチングをしてもらう中で、〝僕は特に、誰の悲しむ顔や寂しい顔を見るのが嫌なんだろう?〟という問いを考えていたら、すぐに子供の顔が浮かんだんです。それが子供といっても、〝子供の頃の僕の顔〟だったんです」

一口、チャイで口を潤わせて、話を続ける。

「けど、その時に気づいたんです。先生からもらったフィードバックは、その通りだったんだって。僕の〝コア・ドライブ〟には、子供の頃の僕が感じていた孤独をなんとかしたい、という強い思いが根底にあったことに気づいたんです——

「なるほど……。だから子供に対してコーチングを伝えていこうと思ったわけだな……」

アロハ紳士はうなずきながら、ジュリーを見た。

「BBの〝コア・ドライブ〟を軸とした、ナイスセッションだ、ジュリー」

ジュリーは僕を見てガッツポーズをした。

「僕が子供の頃、コーチングを学んでいたら、僕はあんなに、自分をいじめなかったと思うし、もっとたくさん友達ができたと思うんです。それに、僕のクラスメイトたちも、もっと優しくしてくれたんじゃないかなって……」

僕は話しながら心の内側がとても熱くなっていく感覚を覚えていた。

「でね、先生、僕、さっそく〝子供向けのコーチングのテキスト〟を作りはじめたんです。だから、来月ぜひ、それを見てください」

アロハ紳士は優しい笑顔になった。

「迷いはないようだな。よし、最高のテキストを作れ、ＢＢ！」

アロハ紳士は僕にこぶしを突きだした。僕はその大きなこぶしに、感謝の気持ちを込めたこぶしをぶつけた。

「では、ジュリー、君の番だ」

「はい、私は、〝働く忙しい子育て中のお母さんを、子供の最高のコーチにする、コーチ〟になります」

アロハ紳士は、自信に満ちた表情で言いきったジュリーを見て言った。

「母親と子供の関係性をコーチするということかな？」

「その通りです。私、先生からコーチングを受けながら学んでから、子供に対してなんとなく感じていた罪悪感がなくなったんです。仕事で一緒にいる時間は少ないけど、今は、限られた時間でも、ちゃんと向き合えている自信ができたというか……」

アロハ紳士はチャイをごくりと飲みほした。

「では、ジュリーもＢＢも、〝コーチングを教えていくこと〟もするってことだな」

僕は迷わずアロハ紳士に言った。

「だって、僕たちのコーチとしての〝最大の強み〟は、〝世界一のコーチからコーチングを直接学んだこと〟ですから、誰かをコーチングするだけではなく、〝世界一のコーチング〟を人に教えて、広めていく活動もしていくべきだと思ったんです」

ジュリーは僕に続く。

「それに、〝**最高の学習方法は、学んだことを人に教えること**〟ってミスターリッチの本にも書いてあったしね」

「なるほど……」

アロハ紳士は僕らのエネルギーに圧倒されている感じで、珍しく受け身だった。

「では、今日はもうこれまでにして外にランチでも食いに行こう。ふたりともよくコーチングし合えていたぞ。合格だ！」

僕とジュリーはハイタッチをして、さっさと部屋を出ていく彼の後に続いた。

愛あるずうずうしさ

アロハ紳士のロールスロイスに揺られ、ホテルから20分ほど離れた古いお城のような建物の前で車は停まった。

「ちょっと付き合え！」

僕たちは後に続いて古いお城の広い庭を10分ほど歩き、大きな扉の前にたどりついた。

その扉が開いた瞬間、たくさんの子供たちが出てきた。そして、アロハ紳士の足に抱きついた。

「みんな、元気そうで何よりだ！」

アロハ紳士はしゃがみこんで子供たちの頭をひとりひとりなでていた。

すると、ひとりの魔女のような老婆が子供たちに続いて出てきた。

「ミスターフェグダ！　今年も立ちよってくれてありがとう。さっ、中に入って！」

僕とジュリーも子供たちに手に握られて中に入った。

「ここは中世からある修道院だ」

建物の中は、フレスコ画の天井に細かいゴージャスな細工が施されていて、まるでタイムスリップしたような空間だった。

僕たちは、部屋一面、本が置かれている図書館のような部屋のテーブルに案内されて座った。

「元気そうだね、シスターキキ」

「あなたのおかげで去年も子供たちを新たに10名も受け入れることができたわ。それに、今ではこの修道院で育った子供たちが立派な社会人になって、よく子供たちと遊びに来てくれるのよ。寄付金まで持ってきてくれてね」

魔女のようなシスターは、とても幸せそうに去年の出来事を話していた。

「あなたが、ここのシスターたちにコーチングを教えてくれたおかげで、子供たちはみんな本当に立派に育っている。笑いが絶えない修道院になったわ」

アロハ紳士はうれしそうに微笑んでいた。

「それはうれしいね。紹介させてくれ、このふたりが私の後継者のジュリーとＢＢだ」

僕たちはとりあえずシスターと笑顔で握手を交わした。

「これからも、なるべくこの修道院に足を運びたいとは思うが、このふたりはいつでも駆けつけることができるから、頼りにしてくれ、シスターキキ」

シスターキキは大きな目で僕たちを見つめる。

「あら、頼もしいわ。今年、3名のシスターが新しく加わったから、またシスターにコーチングのレクチャーをしてもらいたかったところだったの」

「では、その役目は、このふたりがしっかり担当するから安心してくれ」

ジュリーは興奮気味に言った。

「ぜひ、任せてください。お力になれて光栄です」

「シスターキキは、私のビジネスの恩師だ。私がコーチになって起業した最初の一年は営業がまったくうまくいかなくてね。その時にシスターキキが、わしにビジネスで一番大切な〝あること〟を教えてくれたんだ」

（ビジネスで一番大切なあること……？）

「シスターキキ、すまんがこのふたりに、私に教えてくれたように、あの話を伝えてくれないか？」

「いいけど、高いわよぉ」

シスターキキは、僕たちをゆっくり見て満面の笑みを浮かべた。

「これは昔、プラハにあった〝神秘の泉の話〟よ。

ある木こりがボロボロの銅でできた斧を泉に落としてしまったの。すると、泉の中から女神様が出てきてね、こう言ったの。

『あなたが落としたのは、この金の斧かしら、それともこの銀の斧かしら？』

さて、おふたりさん、あなたたちなら何て答える？」

僕は即決で言った。

「『どっちも違います』と正直に言います」

ジュリーも僕に続いて言った。

「私も正直に言います。だって相手が女神様だし……」

シスターキキは笑顔のまま話を続けた。

「その木こりもね、同じように正直に答えたの。すると、どうなったと思う？」

僕たちは、目をまんまるにして覗きこむようにシスターキキの答えを待った。

「女神様は木こりに『あなたは正直な人ね。お幸せに』って言って、消えてしまったの」

僕らは予想だにしていなかった回答に驚き、あっけにとられてしまった。

「あら、何か、わたくし、変な話をしたかしら？」

シスターキキは、なんだか楽しそうな表情だ。

「〝正直者には、女神様が何かを恵んでくれる〟とでも思っていたのかしら？　〝正直者は正直者でおしまい〟よ。何か言いたいことでもある？」

僕は自分の心のどこかにあった〝腹黒いエゴ〟を見透かされたようで、とても恥ずかしくなった。

「私はこの修道院を50年以上守ってきたの。それはそれは、言葉では伝えられないほどたくさん大変なことがあったわ。今だっていろんな問題がある。けど、なんとか、たくさんの人に支援してもらい、乗りこえてきたの。それができた理由はね、私には**〝愛あるずうずうしさ〟**があったからなの」

自分の価値を決めるもの

（愛あるずうずうしさ……）

シスターキキは、真剣な目で僕とジュリーを見つめる。

「私は女神様にこう言ってきたの。『私の斧はどちらでもありません。けど、そのふたつの斧を私にいただけませんでしょうか？　もしいただけたら、私はたくさんの人を笑顔にすることができます』ってね」

シスターキキの話に引きこまれ、しばらく言葉が出なかった。

「そっか……、いつも心に誰かを思う愛があって仕事をがんばっていたら、こんなチャンスをただ正直に答えるだけで、無駄にするわけがないってことですよね……」

シスターキキはジュリーの言葉に微笑んだ。

「〝**自分のやっていることが、本当に愛があることなら、ずうずうしくたって、いただけるものは遠慮なくいただかないと**〟ってことね」

彼女は、アロハ紳士を見てウインクをした。

すると、彼は ジャケットの胸ポケットから分厚い封筒を取りだす。

「相変わらず素晴らしい講義だった、シスターキキ。私はこの話をあなたから聞けたおかげで、コーチとして堂々と大金をもらえるようになって今がある。これは講義料だ、受けとってくれ」

シスターキキは席を立ち、アロハ紳士にハグをする。

「どうか健康で長生きするんだよ、フェグダ。でないと、私たちが困ってしまうからね」

彼は笑いながら、シスターキキをしばらく思いっきり抱きしめていた。

僕たちは美しい建物の中を子供たちに少し案内してもらってから、アロハ紳士とシスターキキが待つ出口に向かった。

「お前たち、明日、ここで昼から、新しいシスターにコーチングを教えて差しあげろ。これからふたりで内容を考えて、しっかりやってこい。そして終わったら、わしはホテルの中庭で飲んでいるから報告に来い」

僕たちは突然すぎる依頼に一瞬戸惑ったが、シスターキキの前でもあったので自信に満ちた顔で返事をし、彼女とハグをして外に出た。

広い庭園を歩いて帰る僕らに子供たちとシスターキキはいつまでも手を振り続けていた。

「先生、明日の内容、先生が以前された内容を進化させてやりたいので、前回の内容を車の中で教えてくださいね」

ジュリーはとても意気ごんだ顔で子供たちに手を振りながら言った。

「本当に最高のタイミングで、最高の話を聞くことができました。これから始める、子供たちにコーチングを伝えていく活動で、いったいいくらならお金をもらっていいのか悩んでいたので……」

アロハ紳士も最後に後ろを振り返り、子供たちに手を振りながら言った。

「コーチングは、コストが1円もかからない、ただ話をするだけの商売だ。だからなおさら、シスターキキの話は大切にしなければならない。**〝自分の価値は自分で決めて、しっかり自分を売らなければならない〟**からな」

手を振るのをやめたジュリーが、前をじっと見据えて言った。

「その**自分の価値って、〝どれだけ自分がやっていることに愛があるのかで決まる〟**ってことね」

するとアロハ紳士は空を見ながら遠い目でボソッと呟いた。

「コーチになってよかった……」

3人で眺める今日の空は、なんだか、いつもより大きく透き通って見えた。

アロハ紳士の秘密

次の日の夕方、僕たちは修道院でコーチングの講義をし、急いでホテルに戻った。

中庭のバーでは、アロハ紳士がひとり、カウンターでウイスキーを飲んでいた。

「お待たせしました！」

「おー、愛弟子たち、どうだった？」

「はい、特に問題なく！」

「おー、それは大問題だ」

僕らはアロハ紳士らしい鋭い皮肉な返しに出鼻をくじかれ、苦笑いをしながら彼の両隣に座った。

「今日は、ジュリーがシスターたちにコーチングをレクチャーしている間、僕は子供たちにコーチングのレクチャーをさせていただきました」

「子供たちにコミュニケーションの大切さをクイズ形式で伝えているBBの楽しそうな姿、本当に輝いてたよ……」

僕は少し照れながら、ウエイターからおしぼりを受けとった。

「子供たちのまっすぐな顔を見ていたら〝こんな素敵な仕事で生きていけたらなんて素晴らしいんだろう……〟って心の底から思えた、最高の経験をさせていただきました。本当にありがとうございます」

「で、教わった通り、ちゃんと報酬はもらったんだろうな？」

アロハ紳士は少し酔った口調で言った。ジュリーは勝手に僕の分のビールも注文しながら答える。

「修道院からは、お金より価値があるものをたっくさんいただきましたよ。先生はもらったの？」

「もちろん！　シスター全員からキスをな」

僕らはアロハ紳士らしすぎる報酬に苦笑いをして、乾杯をした。

「お前たちは、今日味わった感情を決して忘れるなよ。今、内側にある感情が〝初心〟ってやつだ」

僕は胸に手を当て、目を閉じて今の感覚を全身で感じてみることにした。

すると、ジュリーがアロハ紳士にボソッと言った。

「先生は『〝純粋な感情〟すなわち〝初心〟を忘れていたかもしれない』ってセッションで言ったけど、今はもうすっかり取りもどしているんじゃないかしら……？」

アロハ紳士は彼女の言葉を聞きのがしていなかった。ウイスキーを口にして静かに話しはじめる。

「わしは、恋に落ちた女性を誰よりも応援したくてコーチになった。けど、彼女は旦那をとても愛していたし、わしも一切の恋心はないように振るまい、親友として仲良くしていたんだ」

アロハ紳士は、前を見ながら話を続けた。

「そんなある日、彼女から離婚の相談を受けたんだ。離婚といっても、旦那から突然別れを切りだされたとね。その時の絶望した顔は今でもはっきり覚えているよ。当然、わしは親友として、彼女の側にいて励まし続けた。ただ、結果、彼女は離婚して、自分のキャリアまで捨てる決断をしたんだ」

もうジュリーも僕もわかっていた。その女性がキャンディであることを。

けど、僕たちは何も言わずにアロハ紳士の話に耳を傾けた。

「その後、彼女は少しずつ、わしの大好きだった笑顔を取りもどしていってね、料理人として自分のお店を持つことを決めたんだ。そのタイミングだったな、彼女はわしに言ったんだ。『これからはあなたのために料理をつくりたい』って。それはうれしかった。返す言葉も忘れて、ずっと泣いてしまってね……。ただ、今思えば、彼女はずっと気づいていたんだ、わしの気持ちを……」

僕とジュリーは、アロハ紳士の話にすっかり聞きいっていた。

「わしは彼女の気持ちにすぐにでも飛びつきたかったんだが、すぐには返事ができない複雑な感情もあって『来月、このお店のオープンの日まで考えさせてくれ』と言ったんだ。そしてオープンの日に、私は花束を持って、長くて苦しかった片思いから卒業しに、お店に行ってね……。彼女はお店をわしだけの貸し切りにしてくれていて、あの得意料理のグーラッシュを出してくれたんだ」

アロハ紳士はウイスキーを回しながら、しばらく沈黙をつくってから口を開いた。

「そのグーラッシュの味がね、おいしくなかったんだよ」

意外な話の展開に、僕らは思わずアロハ紳士を両サイドから見た。

「その時、わしにはわかったんだ。彼女は別れた旦那のように、わしを愛しているわけではないってことがね」

ジュリーが思わず声を荒げた。

「そんな……、そんなことで、そんなことがわかるわけがないじゃない！」

アロハ紳士は何ひとつ表情を変えなかった。

「わしは彼女をずっと見てきた。わしは男としてだけではなく、コーチとしても彼女をずっと観てきた。だからわかったんだよ。彼女の心の中にはまだ旦那がいて、彼女はまだ〝コア・ドライブ〟を忘れたままだってことがね……」

僕もジュリーも、必死で言葉をしまう。

「彼女の〝コア・ドライブ〟は、**〝自分が心から幸せを感じていないと、相手を心から幸せにする料理は作れない〟**という信念だ。彼女が離婚する前に、旦那とわしによく作ってくれたグーラッシュは、悔しいほどおいしくてね……。彼女は実際に、その〝コア・ドライブ〟を大切にし、このホテルの総料理長まで登りつめたんだ」

僕らは何も言えずに、ただ、ビールを一口飲んだ。

「だから、わしは彼女の前から姿を消すことにしたんだ。『まだ君の元旦那とコーチングの契約をしているから、今は君の気持ちには応えられない』なんて、わけのわからん理由を言ってね」

アロハ紳士に視線を向けると、目にはうっすら涙が光っていた。

僕はそれを見なかった振りをして、ビールをいっきに飲みほした。

すると、ジュリーは前を見たまま優しい声で聞いた。

「で、どうだったの？　この前、一緒に食べた彼女のグーラッシュの味は？」

アロハ紳士は天井を見ながら言った。

「あぁ、これまで食べた中で最高にうまいグーラッシュだった……」

僕たち3人はしばらく誰も口を開くことなく、ホテルの館内から流れてきたピアノの演奏に耳を傾けていた。

聞こえてくるモーツアルトの曲は、アロハ紳士の一途で切ない愛の物語に、まだ続きを感じさせるような――何かを訴えかけているようなテンポだった。

しばらくしてジュリーが口を開いた。

「私もＢＢも、コーチとして、ずっと考えていたの。先生が目標にした〝最高の引退〟について。その目標達成を、先生の〝コア・ドライブ〟をどのように大切にしながら応援すればいいのかって。けど、思ったの。そもそも、先生が引退することにエネルギーなんてあるのかって」

すると、アロハ紳士は言った。

「どういうことだい？　引退も立派な決断だぞ」

ジュリーは僕を見てうなずいた。その意味を察した僕は、アロハ紳士をまっすぐ見つめた。

「先生の〝コア・ドライブ〟は〝コーチングとは、愛すること〟です。もう本当は気づいているとは思いますが、先生がコーチを引退するってことは、〝愛することをやめる〟っ

てことになるのではないでしょうか」

僕は思いきってアロハ紳士にコーチとして感じたことを伝える。僕の心は、120%の愛を込めて、アロハ紳士に伝えた感覚があった。

すると、彼はウイスキーを置き、何かから解き放たれたような目で言った。

「ナイスフィードバックだ」

僕もジュリーも、それ以上つっこんだ話は避け、真ん中に座るアロハ紳士を包みこむように、腰をかけたままハイタッチをした。

僕とジュリーは信じていた。

アロハ紳士が、キャンディを愛することをやめないことを。

そして、いつまでも、僕たちを愛し続けてくれることを……。

BB's summary note

- ビジネスをするなら、
“愛あるずうずうしさ”を大切に、
常にリクエストできる姿勢が大切。

- 自分がやっていることに、どれだけ愛があるかで、
自分の価値が決まる。

- 自分を安売りする行為は、愛を安売りすること。

エピローグ

旅立ちの日

一ヶ月後、ついに最後のセッションの月がやってきた。

僕とジュリーは宿題に出されていた、今後の活動プランをしっかりコーチングし合いながら固め、最後のトレーニングに向かった。

いつものようにアロハ紳士の部屋の前に行くと、一枚の紙がテープで貼ってあった。そして、その手紙には『キャンディの店に来い』とだけ書いてあった。

「何それ！　もうすべきことをしっかり行動したってわけね！」

ジュリーはとてもうれしそうに紙をはがしながら言った。

僕たちは、急いでタクシーに乗り、記憶をたどりながらキャンディのお店に向かった。

「あら、いらっしゃい！　待ってたわよ！」

キャンディはとても幸せそうな笑顔で僕たちを席に案内してくれた。

「あれ、先生はまだですか？」

すると、キャンディは僕たちを見つめながら言った。

「『グーラッシュでも食べて待ってろ！』ですって」

僕とジュリーは、アロハ紳士の言う通り、グーラッシュを先にいただくことにした。僕たちは、心まで温まるグーラッシュを、アロハ紳士のことを忘れ、器のパンまで夢中で食べきった。

そのタイミングで、キャンディはコーヒーとケーキを持ってきてくれた。

「はい、どうぞ。そうそう、あなたたちの先生から一通の手紙を預かっていたんだ」

僕は手紙を受けとり、ジュリーが僕の横に座ったタイミングで手紙を開いた。

『おめでとう。ジュリー&BB。

君たちは本日、無事にわしのトレーニングを見事に修了した。

この半年、わしは、君たちには言葉や文章では伝えられないプロフェッショナルコーチになるために必要な〝感覚〟を伝えてきたつもりだ。

ここからは、学びに逃げることなく、実践で修羅場をたくさん経験し、失敗をし、恥をかきながら、成長していけ。

君たちとの出会いは、わしに、改めてコーチという職業の素晴らしさを気づかせてくれた。

そして、〝愛から逃げない勇気〟を与えてくれた。感謝する。

このフェグダが認定したコーチとは、わしの〝コア・ドライブ〟を受けつぐコーチという意味でもある。

〝コーチングをするとは、愛すること〟

このわしの信念も忘れずに、自分たちの〝コア・ドライブ〟を大切にしながら、理想のコーチに向かって突き進んでくれ。

わしも、コーチとして、新たな目標に向かって進むことにした。次は、プロフェッショナルコーチ同士、どこかで飲もうではないか。

最後に、コーチらしくお前たちに質問をプレゼントする。

今後もし、どうしようもなく、困ったことや、打ちのめされた時は、こう自分に問え。

「もし、今、隣に、あの〝天下のビジネスコーチ〟がいたとしたら、私に何と問いかけるだろうか？」

フェグダ・D・トラスト』

手紙を読み終えた僕は、不思議と先生との突然の別れに戸惑っていないことに気づいた。

ジュリーも隣で、そんな表情をしたまま、手紙をずっと眺めていた。

「だけど、せめて修了証でもある手紙ぐらい、それぞれに欲しかったよね」

キャンディは微笑みながら僕を見て言った。

「この手紙が、一通しかない理由は、〝これからもふたりで一緒に切磋琢磨しながら、応援し合って、がんばるんだぞ〟ってことじゃないかしら」

僕とジュリーは顔を見合わせ、キャンディの言葉をしっかり心の中にメモをした。

「あっそうそう、あとこれ、あの人から〝コーチ料〟ですって！」

キャンディは見覚えがある封筒を僕たちに手渡した。

「薄っぺらい方がＢＢで、分厚い方がジュリーだって言ってたわ」

僕たちはその封筒を受けとり、しばらく言葉を失っていた。

僕たちはキャンディと別れ、半年前とはまったく違う景色に見えるプラハの街を歩いた。

「あっという間の半年だったけど、半年前が遠い昔のようにも感じるな……」

僕はアロハ紳士との出会いを思いだしながら言った。

「ねぇ見て！　ミスターリッチが写真をＳＮＳにアップしてくれてる！」

「何この〝いいね〟の数！　６００万を超えてるし……」

僕たちは大量に書かれているコメントを立ちどまって一緒に見た。

「やだぁ、『誰、この美人すぎるコーチは？』だって」

大興奮のジュリーを尻目に、僕はひとつのコメントに目が止まった。


〝目標達成の神様は、いつも私の中にいる〟


僕は目を閉じ、大きく深呼吸をして、歩きだした。

ありがとうアロハ紳士。

僕も、必ず、誰かの心の中の〝お守りのような存在〟になれるように、自分を信じて、コーチとして、たくさんの人を笑顔にしていきます。

〝コーチングとは、愛すること〟

この信念を胸に刻んで。

すると、ジュリーが後ろから僕の腕を組んで言った。

「ねぇ、BB！　これからもずっと、お互い〝一番のコーチ〟でいようね」

この物語を、未来のプロフェッショナルコーチに捧ぐ

《あとがき》

現在、コーチという職業が、スポーツのみならず、ビジネス、教育、子育てなどのジャンルでも注目されております。

フォーチュン５００の企業の約50％の経営層がコーチをつけ、米国に本社を構える企業の約９割がコーチングを導入していると言われています。

日本でも上場企業の約18％の経営層がコーチをつけていると言われており、コーチング研修は上場企業の多くが導入しています。

また、教育の現場では、「教える」教育から「考えさせる」教育にシフトしていく必要性を国も訴えるなど、「コーチング」という技術が注目をされております。

背景としては、過去の常識、価値観に囚われていてはサバイバルできない「激動の時代」に突入したこと、すなわち、前例が正解とはならない「正解のない時代」への対応策として、コーチという職業、コーチングという技術が注目されるようになったわけです。

また、心が不安定になりやすいこの時代に、「心を扱う専門家」でもあるコーチのニーズが年々高まっています。

私はこれまで10年以上、複数のコーチングスクールを運営しながら、全国、世界数ヶ国に2000名以上の認定コーチを輩出し、約4万人以上の方々にコーチングを提供してまいりました。副業も解禁されてきた現代、コーチという職業は、会話をするだけの仕事であり、起業に資金もかからないため、心理学や会話が好きな人、特に女性にはとても人気がある職業となりました。

それでも、まだまだ、活躍できるプロフェッショナルコーチは、ニーズに対して足りていません。この本の物語を読み、活躍できるプロフェッショナルコーチの知られざる深みに触れ、ひとりでも興味を持ってくださる方が増えることを願っています。

トラストコーチング代表　馬場啓介

目《もく》標《ひょう》達《たっ》成《せい》の神《かみ》業《わざ》

No.1プロコーチのセッションブック

著者 ✳ 馬《ば》場《ば》啓《けい》介《すけ》

2018年5月12日　初版発行
2020年2月11日　2刷発行

発行者　✳ 磐﨑文彰

発行所　✳ 株式会社かざひの文庫
〒110-0002
東京都台東区上野桜木2-16-21
電話　FAX03(6322)3231
e-mail　company@kazahinobunko.com
http://www.kazahinobunko.com

発売元　✳ 太陽出版
〒113-0033
東京都文京区本郷4-1-14
電話　03(3814)0471
FAX　03(3814)2366
e-mail　info@taiyoshuppan.net
http://www.taiyoshuppan.net

印刷　✳ シナノパブリッシングプレス

製本　✳ 井上製本所

装丁　✳ Better Days（大久保裕文+芳賀あきな）

イラスト　✳ 橘春香

DTP　✳ 宮島和幸（ケイエム・ファクトリー）

ISBN978-4-88469-932-1